D1393506

Paul Meunier

# ILS ONT CHANGÉ
# LE MONDE

*Gandhi*
*Dom Helder Camara*
*Raoul Follereau*

Éditions Paulines & Médiaspaul

DU MÊME AUTEUR

Aux Éditions du Centurion:

*François Varillon. Une spiritualité de la vie chrétienne*, Paris, 1990, 160 p.

*Ouvrage publié avec l'appui du Programme de subvention globale du Conseil des Arts du Canada*

Composition et mise en page: *Éditions Paulines*

Maquette de la couverture: *Mike Lorie*

ISBN 2-89420-220-2

Dépôt légal — 2e trimestre 1994
Bibliothèque nationale du Québec
Bibliothèque nationale du Canada

© 1994   Éditions Paulines
3965, boul. Henri-Bourassa Est
Montréal, QC, H1H 1L1

Médiaspaul
8, rue Madame
75006 Paris

*À tous les témoins authentiques de la foi chrétienne, connus et inconnus, qui ont œuvré à la construction d'un monde plus juste, plus fraternel et plus humain, et qui nous ont révélé ce qu'il fallait être pour devenir des hommes et des femmes véritables.*

# REMERCIEMENTS

J'exprime ma gratitude à Madame Marie-Hélène David et à Monsieur Jocelyn Rondeau pour leur contribution à titre de correcteur.

Et à tous ceux qui, de diverses façons, m'ont aidé à la réalisation de ce livre, je dis un grand merci.

# L'apôtre de la non-violence

*Mohandas Karamchand Gandhi*
*(1869-1948)*

# L'INDE, PAYS DE CONTRASTES

*« Je ne veux pas d'autres armes que celles de l'amour. »*

*« Œil pour œil rendra le monde aveugle. »*

Gandhi

L'Inde. Pays magique constitué d'une mosaïque de peuples, de religions, de langues et de cultures d'une diversité sans précédent sur la surface de la planète, où de hautes conquêtes mystiques cotoyaient quotidiennement une atroce misère matérielle. Un pays où trois cents millions d'hindous vivaient en frères avec cent millions de musulmans. Un pays profondément religieux où les fous de Dieu étaient plus féconds que leur terre. Un pays où «le malheur est grand, mais (où) l'homme est plus grand que le malheur», écrivait Rabindranath Tagore, grand poète indien.

Au début du XXe siècle, l'Inde était un sous-continent d'une grande pauvreté, où quatre-vingt-trois pour cent de la population se trouvaient analphabètes, et où le revenu moyen par habitant n'atteignait guère cinquante centimes par jour. Encore aujourd'hui, ce pays est accablé par des fléaux naturels d'une ampleur démesurée: les plaines de Beauce et les jardins de Touraine se meurent sous les averses torrentielles de la mousson déversant plus d'un mètre de pluie par année, pendant que d'autres territoires immenses sont desséchés par manque de pluie.

Autour de quelques centres, une puissante industrie métallurgique et textile s'était implantée, dirigée par de grandes familles: les Birla, les Dalmia et les Tata. Mais à cause d'une économie foncièrement féodale, les retombées financières ne profitaient qu'à une minorité de capitalistes anglais et indiens, et à quelques riches et puissants propriétaires terriens. La plus grande partie des sols était exploitée, non pour répondre aux besoins alimentaires des Indiens, mais uniquement pour l'exportation du thé, du coton, de la jute et du tabac. L'Inde ne nourrissait pas sa population.

Les Anglais se sont établis officiellement en Inde le 12 août 1858. À trente-neuf ans, la reine Victoria tenait en ses mains le sort de 300 millions d'Indiens. L'Empire britannique, composé d'un ensemble de colonies, de possessions, de condominiums et de protectorats, régentait l'existence de 563 millions d'êtres humains.

*Les 291 territoires de ce domaine, éparpillés sur toute la surface de la planète, comptaient des possessions aussi vastes que le Canada, les Indes ou l'Australie, et des entités aussi minuscules et ignorées que Bird Island, Bramble Bay et Wreck Reef. Ni Alexandre, ni César, ni Charlemagne n'avaient régné sur des étendues comparables.* (Lapierre et Collins)

Les bienfaits de la *Pax britannica* — la paix britannique — ont été considérables car, en plus de mettre en place des institutions copiées sur celles de Londres, l'Empire a fait don à la population indienne d'un présent inestimable: la langue anglaise. Elle allait devenir le lien unissant les diverses communautés et, paradoxalement, le véhicule de leurs aspirations indépendantistes. Mise à part la langue anglaise, l'héritage des colonisateurs britanniques a été, en fait, un bel assortiment de problèmes.

De nos jours encore, l'époque victorienne est souvent associée à la domination anglaise sur l'Inde. Les *white englishmen* pensaient que leur destinée était de régner sur les pauvres populations sans foi ni loi. Rudyard Kipling, considéré comme le poète du grand rêve impérial, résume ainsi la mentalité victorienne: gouverner l'Inde était une responsabilité placée «par quelque impénétrable dessein de la Providence sur les épaules de la race anglaise.»

Du simple soldat au fonctionnaire prestigieux, l'Inde a été bien administrée car, en général, ces hommes n'avaient pas d'autres visées que d'inspirer le respect de la justice et des lois britanniques à une civilisation fondée sur l'inégalité sociale. Mais leur complexe de supériorité raciale et leur petit nombre ont privé les Anglais de contacts réels avec les populations indigènes qu'ils gouvernaient.

*Les espaces infinis du continent indien avaient offert à ces Anglais ce que ne pouvaient leur donner leurs étroits rivages insulaires: une arène sans limites où étancher leur soif d'aventure. Ils étaient arrivés, imberbes et timides, à dix-neuf et vingt ans, sur les quais de Bombay. Trente-cinq ou quarante ans plus tard, ils étaient repartis le visage brûlé par trop de soleil et trop de whisky, le corps marqué par les blessures des balles, par les maladies tropicales, les griffes d'une panthère ou leurs chutes au polo, mais fiers d'avoir vécu leur part de légendes dans le dernier empire romantique du monde.* (Lapierre et Collins)

Cependant, beaucoup d'autres ont vu la terre indienne les accueillir dans les nombreux cimetières «pour Anglais seulement».

Cette grandiose épopée impérialiste s'est achevée avec l'Indépendance de l'Inde, en août 1947. En vingt-cinq ans d'actions politiques, les chefs des mouvements nationalistes indiens ont soulevé le peuple et contraint le plus grand empire de l'Histoire à renoncer au joyau de ses colonies. «Il vaut mieux se retirer la tête haute que d'être chassé par la force!», songeait avec sagesse le gouvernement britannique.

Vers la fin de l'an 1946, le Premier ministre de l'Angleterre, Clement Attle, a eu la tâche ingrate et douloureuse de liquider

11

la présence anglaise aux Indes. Pour cette mission très délicate, Attle a choisi le vicomte de Birmanie, Louis Mountbatten, qui se trouvait à être l'arrière-petit-fils de la reine Victoria, et l'une des personnalités les plus célèbres de l'Angleterre. Le gouvernement Attle a offert à Lord Mountbatten la plus prestigieuse des fonctions de l'Empire: vice-roi des Indes. Ce dernier représentait l'autorité de l'Angleterre et, aux Indes, il régnait avec un pouvoir absolu sur le cinquième de l'humanité, soit sur quatre cents millions d'individus.

L'amiral, doué d'aptitudes naturelles pour le commandement, n'a accepté le titre de vice-roi qu'après avoir obtenu un éventail de faveurs spéciales, dont celle de jouir des pleins pouvoirs, ce qu'aucun autre vice-roi n'avait obtenu avant lui. Sa pénible mission consistait à organiser le retrait de l'Angleterre de l'Inde avant le 30 juin 1948; il devait aussi amener cette colonie à entrer dans la famille du Commonwealth. Formée en 1931 de nations issues de l'Empire britannique et unies par des traditions et des liens communs avec la Couronne, cette grande fédération d'États souverains pouvait jouer un rôle très important dans les affaires mondiales.

L'ampleur des massacres perpétrés dans le village de Srirampur, dans la province du Bengale, a conduit le Premier ministre Attle à envoyer d'urgence Mountbatten en Inde. Car si ces explosions de violence restaient des cas isolés, l'intolérance religieuse qui les avait alimentées risquait à tout moment d'embraser l'Inde.

Lord Mountbatten a été intronisé vice-roi le 24 mars 1947 en Inde, au cours d'une cérémonie grandiose où le faste victorien se mêlait à la magnificence indienne. «Il est impossible d'occuper le trône des Indes sans offrir un grand spectacle», pensait Mountbatten. Son premier but était de s'imposer à l'Inde en la séduisant. Par une multitude de petites et de grandes attentions, il a réussi l'opération «Séduction». Le peuple a reconnu en ce vice-roi non un conquérant mais un libérateur qui manifeste un amour et un respect profonds pour l'Inde.

Mountbatten s'est rendu compte immédiatement que l'Inde était sur le point de sombrer dans une guerre fratricide. «L'Inde est un navire qui brûle en plein océan, les cales bourrées de munitions», lui confiait le général Lord Ismay, secrétaire de l'ancien vice-roi des Indes, sir Archibald Wavell.

Dans le mouvement de libération de l'Inde, un homme s'est levé pour proposer la voie de l'*ahimsa*, la non-violence. Par cette doctrine, il a mobilisé le peuple indien afin de déloger la présence anglaise en Inde. Dans cette lutte contre l'Empire britannique, le prophète de la non-violence a réussi à substituer aux affrontements sanglants une campagne morale, échangeant les armes conventionnelles contre celles de la prière.

Ce frêle apôtre de la fraternité — de cent quinze livres — a soulevé le cinquième de l'humanité sans hausser la voix et sans technique du conditionnement des masses. Dépourvu des moyens modernes de communication, son message de non-violence a pénétré le sous-continent le plus peuplé de la planète. Cet homme savait parler à l'âme de l'Inde par des gestes simples, faciles à comprendre et à mettre en pratique par l'ensemble de son peuple. Cet homme, c'est Gandhi.

## La formation en Afrique du Sud

Mohandas Karamchand Gandhi est né le 2 octobre 1869 à Purbandar, dans l'État de Gujarāt, en Inde. Son père était le Premier ministre, le *diwan* par hérédité, de la péninsule de Kathiāvār, petite principauté située au nord de Bombay. Il appartenait à la caste des commerçants, les *yaiçayas*, qui se situe dans la hiérarchie sociale hindoue au-dessus des artisans et des gens de service, et en-dessous des brahmanes, des guerriers et des princes. Sa mère était profondément dévote; elle allait jusqu'à observer des jeûnes religieux parfois très longs.

Selon les coutumes indiennes de l'époque, Gandhi se marie à treize ans à Kasturbai Makanji, une fillette analphabète qui lui donnera quatre fils. C'est avec une grande joie qu'il découvre les plaisirs de l'amour. Mais quatre ans plus tard, son père meurt dans la chambre attenante à celle des époux pendant qu'ils s'adonnaient à des ébats amoureux. Gandhi développe alors un complexe de culpabilité qui lui fait entreprendre un des plus grands défis de sa vie, celui de dominer ses pulsions sexuelles.

Le 4 septembre 1888, sa famille l'envoie étudier le droit en Angleterre, dans l'espoir qu'il succéderait à son père comme Premier ministre de Kathiawar. Seul enfant de sa famille à étudier à l'étranger, il est exclu de sa caste de marchands car, aux yeux de ses aînés, un tel voyage ne peut que le souiller et le perdre.

Garçon particulièrement timide, le futur avocat est malheureux à Londres : adresser la parole à un Anglais est pour lui atrocement difficile. Il s'empresse de rentrer au pays dès son admission au barreau, le 10 juin 1891.

Souffrant toujours de sa timidité maladive, il est un minable avocat, peinant pour se constituer une clientèle. Sa famille déçue l'envoie alors en Afrique du Sud, en avril 1892, défendre un parent éloigné. C'est le tournant décisif de sa vie. Parti pour quelques mois, il reviendra en Inde un quart de siècle plus tard!

En juin 1893, au cours d'un voyage en train de Durban à Prétoria, Gandhi va vivre ce qu'il considérera plus tard comme l'expérience capitale de sa vie. Comme tout avocat londonien, il voyage en première classe quand un Blanc lui ordonne de quitter son compartiment pour le wagon à bagages. Devant son refus, un policier l'expulse du train au premier arrêt.

Seul, en pleine nuit, et gelé jusqu'aux os, Gandhi passe une nuit froide en proie à une profonde révolte. Implorant les dieux du Bhagavad Gîtâ de lui donner le courage et la lumière pour affermir et guider ses pas chancelants, il prend à l'aube, à la gare Maritzbourg, la plus importante décision de son existence. À l'avenir, le jeune avocat timide dirait «non».

Une semaine plus tard, Gandhi prend la parole, à Prétoria, devant un public indien. Miraculeusement, sa gêne maladive fait place à la fermeté d'un discours bien posé où il exhorte les Indiens à s'unir pour défendre leurs droits. La première étape de leur lutte pour la liberté consistera à apprendre la langue des colonisateurs, l'anglais.

Après le dénouement du procès qui l'avait conduit en Afrique du Sud, Gandhi devient un avocat prospère et un fervent défenseur de la communauté indienne. Aussi décide-t-il de demeurer en Afrique du Sud et d'y poursuivre sa lutte pour l'égalité des diverses ethnies.

Le deuxième grand événement qui marque l'existence de Gandhi se produit en 1904, au cours d'un autre voyage en chemin de fer, onze ans après sa première et pénible expérience. Dans le train de Johannesburg à Durban, il lit le livre du philosophe John Ruskin, *Unto this last.*

Ce livre prêté par un ami est pour lui une véritable révélation divine. À son arrivée matinale à Durban, Gandhi prend la décision de vivre selon l'idéal proposé par Ruskin et de renoncer à toutes formes de possessions matérielles. Selon Ruskin, l'important est le service de la société, ce que peut réussir aussi bien un simple paysan qu'un avocat florissant. La richesse engendre l'esclavage et la servitude sous toutes ses formes; il faut donc renoncer aux biens matériels pour servir véritablement nos frères. Tel est le prix à payer pour aimer et servir véritablement la cause de l'homme.

Avocat arrivé qui gagne annuellement plus de cinq mille livres sterling, le futur apôtre de la non-violence renonce à sa vie d'opulence et de confort pour chercher dans l'idéal du dépouillement, énoncé dans le Bhagavad Gîtâ, le moyen de vivre un éveil spirituel.

Animé par ses élans intérieurs, Gandhi restaure une ancienne baraque près du village de Phoenix, à vingt kilomètres de Durban, où il s'installe avec sa famille et quelques amis. De cette vie communautaire surgissent les grands principes qui le guideront tout au long de sa vie : le renoncement aux biens de ce monde et le travail permettant de subvenir à l'existence. Selon le Mahatma, nettoyer les cuvettes a la même valeur que construire une résidence ou défendre les Indiens contre l'injustice raciale.

Le difficile vœu de continence, le *brahmacharya*, obsède Gandhi tout autant qu'il l'attire. Par ce vœu , il rejoint l'idéal du Bhagavad Gîtâ, c'est-à-dire celui de vivre dans un état sans désir. Le *brahmacharya* implique le contrôle des cinq sens : contrôle des appétits sexuels, mais aussi contrôle des émotions, de la parole, de l'alimentation et surtout des sentiments de haine, de colère et de violence.

Gandhi est convaincu que seule la maîtrise des sens peut lui donner la force d'accomplir sa mission terrestre. Le vœu du *brahmacharya* cristallise son engagement sans retour sur les rudes sentiers de l'ascèse. Quarante années plus tard, il avouera que la sublimation de ses pulsions sexuelles demeure aussi difficile !

Au cours des nombreuses luttes pour faire accéder les Indiens au respect et à l'égalité raciale, Gandhi a été frappé par le texte évangélique sur la vengeance :

*Vous avez appris qu'il a été dit : œil pour œil et dent pour dent. Et moi, je vous dis de ne pas résister au méchant. Au contraire, si quelqu'un te gifle sur la joue droite, tends-lui aussi l'autre.* (Mt 5, 38-39)

À partir de ce texte, il a formulé les deux principes fondamentaux qui le rendirent célèbre : la non-violence et la désobéissance civile.

*On ne change pas les convictions d'un homme en lui tranchant la tête, pas plus qu'on insuffle l'amour dans un cœur en le transperçant d'une balle. La violence engendre la violence [...] Œil pour œil rendra le monde aveugle,* disait Gandhi.

Par l'exemple d'une vie fraternelle, il cherchait à transformer la vie des hommes de l'intérieur et à les réconcilier entre eux, en les unissant dans un but commun : accomplir la volonté de Dieu. Ainsi, au lieu de diviser les hommes en flattant leurs antagonismes, il voulait les unir dans le respect de la volonté divine, sans distinctions de race, de religion, de sexe ou de caste.

À l'automne 1906, une loi oblige tous les Indiens de huit ans et plus à se faire inscrire sur les registres de la police et à porter sur eux une carte d'identité, car on peut en tout temps la leur demander. Cette situation d'injustice va permettre à l'apôtre de la fraternité de vérifier la portée réelle des doctrines de la non-violence et de la désobéissance civile. Le 11 septembre 1906, dans un théâtre britannique de Johannesburg, où s'est massée une foule d'Indiens révoltés, il s'insurge contre les lois raciales.

— Je ne vois qu'une seule possibilité, celle de résister jusqu'à la mort plutôt que de se soumettre à cette discrimination, leur dit-il.

L'assemblée fait alors le serment solennel, devant Dieu, de résister aux lois iniques. Comment ? Peu importe, mais il est impératif que la résistance soit non-violente.

Boycottage du recensement obligatoire, piquetage pacifique devant les centres d'enregistrement, la campagne de désobéissance civile organisée par Gandhi lui vaut son premier séjour dans une prison britannique, en janvier 1908. Là, il en profite pour lire *Le devoir de désobéissance civile*, écrit par Henry Thoreau.

Ce second livre marque profondément le prophète de la non-violence. Les personnes ont le devoir de désobéir à des lois arbitraires et injustes ainsi que de refuser de participer à un régime tyrannique et totalitaire, affirme Thoreau. Un peu plus tard, un dernier auteur profane influencera sa pensée, Léon Tolstoï, avec *Le Royaume de Dieu est en vous*.

À sa sortie de prison, le gouvernement de l'Afrique du Sud procure à Gandhi l'occasion de vérifier sur le terrain la théorie de Thoreau sur la désobéissance civile. Le territoire du Transvaal avait décidé d'interdire son accès aux Indiens. Le 6 novembre 1913, le défenseur de la fraternité prend la tête d'un vaste mouvement de près de 2 220 hommes, femmes et enfants, en route vers cette région qui leur était défendue. Malgré les coups, les bastonnades et les nombreuses arrestations, rien n'arrête le mouvement pacifique. Gandhi comprend alors l'immense force des actions de masse alimentées par l'idéal de la non-violence.

Il a maintenant quarante-quatre ans. Ses campagnes pacifiques de désobéissance civile ont conduit la communauté indienne à une victoire quasi totale. Grâce à lui, les Indiens d'Afrique du Sud ont droit au respect et à l'égalité sociale. Mohandas Karamchand Gandhi peut alors rentrer fièrement dans son pays. Le 18 juillet 1914, il quitte définitivement le continent africain.

*La lutte pour l'indépendance de l'Inde*

À son arrivée à Bombay, le 9 janvier 1915, une foule immense vient accueillir Gandhi, sous l'arche britannique de la Porte des Indes. Son héros national n'a plus rien de commun avec le jeune avocat timide parti pour l'Afrique du Sud vingt et un ans plus tôt.

Sur une des rives du fleuve Sabarmati, près de la ville industrielle d'Anedabad, fidèle à son désir de dépouillement mûri sur le continent africain, Gandhi fonde à nouveau une ferme communautaire, un *ashram*. Il persévère dans sa décision de défendre les faibles, les sans-voix, les opprimés et les parias (les «intouchables»). Le prophète de l'amour est le premier leader indien à se pencher aussi concrètement sur la misère et les conditions sous-humaines des populations de l'Inde. C'est pour cette raison que Rabindranath Tagore, poète indien et lauréat du prix Nobel de la Paix, lui octroie le titre de « Mahatma — la Grande Âme, vêtue des haillons des mendiants. » Ce titre honorifique l'accompagnera jusqu'à sa mort.

Depuis l'Afrique du Sud où Gandhi a mené ses premières campagnes de désobéissance civile, les femmes ont été en première place dans son mouvement d'égalité sociale et de tolérance religieuse. «Il est vain d'espérer l'émancipation des Indes aussi longtemps que les femmes indiennes elles-mêmes ne seront pas émancipées», disait-il.

Gandhi voulait avant tout libérer les femmes de leur servitude, c'est-à-dire les sortir du cercle étouffant où une société patriarcale les avait confinées : les tâches domestiques. Dès la fondation de son premier *ashram* en Afrique du Sud, hommes et femmes partageaient les travaux domestiques; les femmes avaient ainsi du temps libre pour participer à la vie sociale et politique de leur communauté. Ce qu'elles ont fait avec vigueur et rigueur.

On vit des femmes prendre le commandement d'actions de masse de grande envergure et, elles aussi, par milliers, connaître l'inconfort des prisons de la Couronne.

*La société indienne, qui moins d'un siècle plus tôt condamnait encore les veuves à se précipiter dans le bûcher funéraire de leur mari, avait cependant tellement évolué sous l'impulsion du Mahatma qu'un des ministres du premier gouvernement de l'Inde indépendante était une femme.* (Lapierre et Collins)

Le Mahatma a été l'étincelle qui a allumé le feu de l'égalité, permettant de créer des rapports plus justes entre les sexes. Néanmoins, des contradictions apparaissent dans ses réalisations. Par exemple, il s'opposa continuellement à l'usage de moyens contraceptifs pour résoudre le tangible problème de la surpopulation de l'Inde, car cela allait à l'encontre de sa vision de la médecine naturelle. Pour Gandhi, seule la continence était acceptable pour limiter l'accroissement de la population. Ne demanda-t-il pas un jour à des jeunes filles violées sur les

19

chemins du Panjab de se donner la mort en se mordant la langue et en retenant leur respiration?

En 1919, le «Rowlatt Act» interdit et sanctionne sévèrement toute action qui a pour objectif la libération de l'Inde. Quelques semaines plus tard, le Mahatma répond à l'Empire britannique par une action sans précédent: il demande à la population de paralyser le sous-continent indien par une *hartal*, une journée nationale de deuil. Le 6 avril 1919, aucun Indien n'est allé travailler: les boutiques, les cafés, les usines, les bureaux sont restés fermés; les temples se sont remplis pour la prière.

Cette expérience reflète le génie du prophète de la non-violence, ou son don de mettre en branle des idées et des gestes simples, compréhensibles par l'ensemble des Indiens. Cette même année, il fonde un périodique, le *Young India*, dont il est le rédacteur en chef.

En 1920, à Calcutta, ses amis du Congrès (le parti hindou indépendantiste) adoptent à la majorité son principe de la non-violence. Désormais, le Mahatma Gandhi est le guide moral, la conscience ou l'éveilleur de conscience du Congrès, le chef spirituel de la lutte d'un peuple pour son indépendance. Son programme politique tient en un mot-clé: la non-coopération. Il s'agit tout simplement de boycotter les marchandises anglaises, dans le but de saper à la base l'économie britannique et ainsi de forcer le retrait des Anglais.

Le rouet de bois, qui remonte à des temps immémoriaux, devient le symbole de la non-coopération, l'emblème national de la résistance non-violente. Gandhi invite fermement tous les Indiens, pauvres et riches, à s'habiller du *khadi*, le vêtement traditionnel de coton écru, filé sur les rouets du pays. Il voit dans la renaissance de l'artisanat la seule solution pour sortir les paysans de leur misère.

Au cours du quart de siècle suivant, le Mahatma ne cessera d'insister auprès du peuple afin qu'il ne porte plus de vêtements étrangers. En septembre 1921, il décide de ne plus se vêtir que d'un pagne et d'un châle qu'il a lui-même tissés. Avec ses disciples, ils consacrent trente minutes par jour à filer, car le Mahatma croit à la puissance de l'exemple de la part des chefs. Il aime répéter ce principe simple gouvernant sa vie: «Du pain mangé sans travail est du pain volé.»

Le 1er février 1922, Gandhi fait un pas de plus dans la lutte pour l'indépendance de l'Inde, en passant de la non-coopération à la désobéissance civile. Cela signifie purement et simplement une déclaration de guerre contre l'Empire. Il demande clairement à la population de l'Inde de ne plus payer d'impôt à la Couronne et de ne plus suivre les lois anglaises. De plus, il invite vivement les soldats indiens à abandonner l'armée impériale.

*Les Anglais veulent nous contraindre à placer la lutte sur le terrain des mitrailleuses car ils ont des armes et nous pas. Notre seule chance de les battre est de porter le combat sur un terrain où nous possédons des armes et eux pas,* dit Gandhi.

Si un vent de violence n'avait pas dévasté un village au nord-est de New Delhi, le Mahatma aurait peut-être réussi à arracher sans violence l'indépendance de l'Inde à la Couronne. Mais le peuple n'a pas saisi en profondeur son message et ne s'y est pas engagé à fond. Aussi Gandhi interrompt-il son mouvement de désobéissance civile. Il écope de six ans de prison à Yeravda, près de Poona. Mais à cause de sa santé fragile, le prophète est libéré avant terme. Il reprend aussitôt sa campagne de sensibilisation au sujet de son idéal de non-violence.

Un autre geste simple va unir les communautés de l'Inde contre le régime colonial: la Marche du sel. Denrée nécessaire dans le climat torride de l'Inde, le sel est vital dans l'alimentation quotidienne. Les Anglais s'étaient approprié la distribution exclusive du sel qu'ils coiffaient d'une taxe qui, quoique minime, représentait deux semaines de salaire pour le pauvre paysan. Mais le sel est à la portée de tous au bord de la mer, sous la forme de dunes blanches. Il suffit d'aller le chercher !

À 6 h 30 du matin, le 12 mars 1930, accompagné d'un cortège de soixante-dix-neuf disciples, le Père de la nation part de Sabarmati en direction de l'océan Indien, aux abords de la ville de Dandi. Au cours de sa route de quatre cents kilomètres, chroniqueurs internationaux et paysans locaux se joignent à cette caravane en croissance continue. Une centaine de milliers de personnes se mettent alors à récolter le sel et à le purifier.

Jamais auparavant les Anglais n'avaient incarcéré autant de gens, dont Gandhi évidemment. À sa mort, il aura passé plus de 6 ans de sa vie dans les inconfortables prisons de l'Empire. Mais avant d'être emprisonné, il a affirmé au peuple indien :

*L'honneur de l'Inde a été symbolisé par une poignée de sel dans la main d'un homme de la non-violence. Le poing qui a tenu ce sel peut être brisé, mais le sel ne sera pas rendu.*

À partir de cette grande épopée de la Marche du sel, Gandhi devient mondialement célèbre. En février 1931, le vice-roi Lord Irwin le fait libérer de prison et l'accueille chez lui pour un entretien en tête-à-tête. Winston Churchill est outré de voir ce «fakir séditieux, gravissant à demi-nu les marches du palais du vice-roi pour discuter et négocier d'égal à égal avec le représentant du roi-empereur.»

*Les négociations se déroulèrent pendant trois semaines, au cours de huit rencontres, et s'achevèrent par un accord connu sous le nom de «Gandhi-Irwin Pact». Ce pacte, semblable en tout point à un traité entre deux puissances souveraines, donnait la mesure de la victoire remportée par Gandhi. Le vice-roi acceptait de libérer les milliers d'Indiens qui avaient suivi leur chef en prison. Gandhi consentait de son côté à suspendre sa campagne de désobéissance et à prendre part à une table ronde, à Londres, pour y discuter de l'avenir des Indes.* (Lapierre et Collins)

Huit mois plus tard, Gandhi part pour l'Angleterre. Il profite de l'occasion pour visiter quelques pays d'Europe. Mais cette rencontre n'aboutit à rien. «Je reviens les mains vides», confesse-t-il. Retour obligé à la case départ, c'est-à-dire à la désobéissance civile.

Durant la Deuxième Guerre mondiale, l'apôtre de la non-violence exhorte ses amis du Congrès à ne pas engager l'Inde dans la guerre, c'est-à-dire concrètement à ne pas soutenir les Anglais. Le Congrès acquiesce à sa demande de non-collaboration avec l'Empire et à son principe de non-violence.

Le 22 février 1944, sa femme, Kasturbai, meurt. Dès lors, la santé de Gandhi se détériore; il est affligé de dysenterie amibienne et de malaria.

## La partition des Indes

En mars 1947, le Père de la nation rencontre en tête-à-tête le nouveau vice-roi des Indes, Lord Mountbatten, au sujet de la souveraineté imminente du sous-continent indien. Pour Gandhi, la seule chose qui compte réellement, c'est de sauvegarder l'unité de l'Inde, de refuser la séparation du pays entre musulmans et hindous. Il est prêt à faire des concessions importantes pour éviter cette partition.

*Au lieu de la partager, donnez l'Inde tout entière aux musulmans. Placez les trois cents millions d'hindous sous la domination musulmane. Chargez Jinnah et ses acolytes de former un gouvernement, transmettez-leur la souveraineté de l'Angleterre,* propose Gandhi à Mountbatten.

Comme il fallait s'y attendre, l'artisan de l'indépendance de l'Inde ne réussit pas à convaincre ses partisans du Congrès du bien-fondé de son idée. Ils sont prêts à payer un prix élevé pour une Inde unifiée, mais pas n'importe lequel! Remettre le pays entre les mains de leur adversaire musulman est trop exiger.

Mohammed Ali Jinnah est le leader de la Ligue musulmane, le parti nationaliste. Pour cet homme d'une volonté inflexible, la division de l'Inde se présente comme la seule solution aux conflits religieux qui mutilent de plus en plus sauvagement le pays. «Il était le mauvais génie de toute l'affaire. On aurait pu réussir à convaincre les autres, mais pas Jinnah. Lui vivant, il était impossible de sauvegarder l'unité des Indes», reconnaîtra le vice-roi après la partition de l'Inde.

Jinnah réclamait en effet la création d'un État musulman, le Pakistan. Pour ce faire, il fallait diviser chacune des provinces du Panjab et du Bengale en deux parties, l'une musulmane et l'autre hindoue. Pourtant ces provinces, formées chacune de deux entités ethniques et religieuses différentes, étaient unies par des coutumes, des traditions et une langue communes, bref par une culture commune. «Leur coexistence économique était encore plus étroite.»

*Mountbatten n'en restait pas moins convaincu que le Pakistan à deux têtes de Mohammed Ali Jinnah était voué à disparaître. Avant un quart de siècle, il prédit que le Bengale oriental, destiné à l'État de Jinnah, aura quitté le Pakistan. La guerre du Bangla Desh, en 1971, prouva qu'il ne s'était trompé que d'une année dans sa prophétie.* (Lapierre et Collins)

Le vice-roi et les onze gouverneurs des provinces indiennes savent que la partition ne résoudra pas véritablement le problème de l'Inde. N'ayant aucune autre solution réaliste à proposer, ils ne s'y opposent pas. Au contraire, des événements d'horreur, tels les villages du Panjab ravagés par un vent de violence, les pressent d'agir en ce sens.

À bout de souffle et poussés par les événements, les membres du Congrès acceptent donc le plan britannique de la partition de l'Inde comme étant *la* condition nécessaire à la souveraineté.

24

En fait, aucun homme politique — ni Nehru, ni Jinnah, ni Mountbatten — n'a prévu l'explosion de haine religieuse qui allait embraser l'Inde. Leur erreur, dramatique dans ses conséquences, a été de minimiser les passions et le fanatisme religieux de leur peuple. Les politiciens indiens croyaient sincèrement que la partition ramènerait la paix; Gandhi seul avait prévu la violence qui allait ravager l'Inde.

Le Père de la nation s'oppose de tout son être et de toutes ses forces au plan de partition. Son expérience de plusieurs années vécues dans les villages lui donne une profonde connaissance de l'âme indienne. Il est convaincu que le démembrement de l'Inde conduira à un massacre sanglant d'une ampleur inimaginable.

*Je ne serai peut-être plus de ce monde pour le voir, mais si le mal que je redoute venait à terrasser l'Inde et à mettre son indépendance en péril, que la postérité sache quelle agonie connut cette vieille âme en pensant à ces malheurs,* disait Gandhi.

À choisir entre deux maux, le chaos lui apparaît moins pire que la partition. Mais les membres du Congrès ne partagent pas sa vision. Ils acquiescent alors à l'idée de la séparation de l'Inde en deux États. Ses amis abandonnent Gandhi. Il reste seul avec son rêve d'une Inde unifiée, où hindous et musulmans cohabiteraient en frères.

Il faut se rappeler que deux Indes coexistaient sous la domination anglaise: l'Inde britannique, divisée en onze provinces administrées par un gouverneur nommé à sa tête, et l'Inde des cinq cent soixante-cinq États princiers. Le quart de la population de l'Inde résidait dans les États princiers; ces États constituaient le tiers du territoire indien. Les princes hindous — les maharajahs et les rajahs — ainsi que les princes musulmans — les nawabs et les nizams — avaient jadis accepté la suzeraineté de l'Angleterre, représentée par le vice-roi, en contrepartie du respect de leur autonomie intérieure. Mais qu'adviendrait-il dans le cas de la partition?

Sur ce point, le Mahatma s'entendait avec ses amis du Congrès pour affirmer sans contredit que les princes indiens devaient renoncer à leurs États et les intégrer à l'Inde ou au Pakistan indépendants. Ces princes, dont neuf figuraient parmi les hommes les plus riches du monde, ne partageaient évidemment pas cette vision; ils voulaient maintenir la souveraineté de leurs États. Selon eux, l'Angleterre devait respecter leur situation politique eu égard à leur loyauté et à leur zèle exemplaires à servir l'Empire durant les deux guerres mondiales.

Malgré toutes les mises en garde de Gandhi sur les malheurs qui s'abattraient sur l'Inde en cas de partition, le 3 juin 1947, un peu après 19 heures, le vice-roi, accompagné de représentants hindous, musulmans et sikhs, annonce sur les ondes de la radio de New Delhi l'indépendance imminente de l'Inde et la création du Pakistan. Le vendredi 15 août 1947, aura lieu officiellement l'indépendance de l'Inde.

Lord Mountbatten souhaite vivement que le retrait de l'Empire des Indes advienne non dans l'hostilité, mais dans un grand déploiement d'amitié et de sympathie qui présagerait des liens solides unissant l'Angleterre au joyau de ses colonies. Il sait que le plan de partition, qui mutile les provinces du Panjab et du Bengale, peut mettre en péril le rêve britannique d'une amitié entre les deux États souverains. Le vice-roi décide alors que le plan de partition ne sera rendu public que le 16 août 1947, au lendemain des festivités officielles prévues pour le 15 août.

Ébranlé, le Mahatma ne démord pas de sa conviction politique et désavoue la division de l'Inde. Mais en cette triste journée du 3 juin, l'artisan de l'indépendance est trop affligé pour exhorter la nation à désapprouver le plan de partage. Beaucoup d'Indiens ne lui pardonneront pas son silence; il le payera un jour de son sang. «Il est inutile de blâmer le vice-roi pour la partition, affirme Gandhi. Regardez-vous et regardez vos cœurs, et vous trouverez l'explication de ce qui est arrivé.»

La fragmentation de l'Inde en deux États souverains exigeait au préalable un recensement gigantesque de l'ensemble du patrimoine anglais, action d'une envergure sans précédent dans l'Histoire. Le cinquième des biens de l'humanité devait être recensé en soixante-treize jours. Des feuilles de papier aux billets de banque, des machines à écrire aux automobiles, des simples cendriers aux palais britanniques, sans parler des milliers d'hommes qui travaillaient dans l'administration anglaise, du président du Chemin de fer aux balayeurs, tout devait être compté et séparé. «Les Anglais décidèrent d'attribuer à l'Inde 80% des biens matériels de l'énorme machine administrative et 20% au Pakistan», expliquent Lapierre et Collins.

La prestigieuse armée indienne n'échappe pas, elle aussi, à ce démantèlement: deux tiers de l'effectif pour l'Inde et un tiers pour le Pakistan. Cette armée, réputée pour son absence de racisme, exige alors de ses soldats qu'ils se rangent du côté de l'Inde hindoue ou du Pakistan musulman. Dilemme atroce et profonde déchirure pour les soldats de la glorieuse armée.

## Construction de l'Inde nouvelle

La partition imminente de l'Inde afflige au plus haut point le Père de la nation. La réalité d'États voisins et ennemis qui se dessine à l'horizon ne ressemble en rien à l'Inde de ses rêves et de ses luttes. Gandhi rêvait d'une Inde qui pourrait s'offrir en exemple de moralité pour l'humanité; une Inde où les diverses communautés pourraient vivre en paix; une Inde qui s'édifierait sur ses cinq cent mille villages assez autonomes pour produire leur nourriture, leurs vêtements, et une Inde capable d'instruire la jeunesse et de prendre soin des malades et des démunis.

Dans la vision du Mahatma, le développement de l'Inde passe premièrement par la revalorisation des campagnes et des villages, et non par l'imitation du modèle économique et social de l'Occident. Pour lui, la société occidentale représente un univers dominé par les machines, où les populations rurales sont aspirées par l'attrait trompeur des grandes villes. Tel est son cauchemar: une société où l'homme, coupé de ses racines ancestrales, religieuses et familiales, vivrait pour produire une multitude de biens de consommation non nécessaires à sa subsistance et à son véritable bonheur. « Un des objectifs d'une civilisation authentique, pense-t-il, c'est de limiter les besoins de l'homme afin que tous aient au moins le nécessaire vital pour vivre de façon décente et s'épanouir. »

Ses amis du Congrès ne partagent pas la vision sociale et économique du Mahatma. Le socialiste Nehru et le capitaliste V. Patel croient au progrès, à la technologie, au développement industriel et aux machines. Ce credo commun unit dans une même visée politique des hommes très différents.

Gandhi, au contraire, croit en une Inde où les valeurs spirituelles et humaines subordonneraient et orienteraient l'action politique et le développement de la technologie, et non l'inverse; une Inde où les hommes seraient tournés vers Dieu et vers le service de leurs frères plus démunis. « Fermez les usines textiles, réapprenez à filer avec le rouet de bois ancestral, afin d'annihiler le chômage et l'exode vers les grands centres urbains », prône Gandhi comme mesure concrète au développement de l'Inde nouvelle.

Il aspire à une société sans classe sociale, où tous les métiers et les professions seraient considérés moralement et financièrement égaux. Pour lui, les grands conflits sociaux trouvent leur source dans l'inégalité économique et morale. Ainsi une Inde nouvelle, fondée sur l'égalité et la fraternité, construirait une nation sans véritable conflit social.

En fait, le système des castes de l'hindouisme est responsable de la séparation entre hindous et musulmans, et entre hindous eux-mêmes. Une grande partie de la population hindoue est constituée par les *parias*, les « intouchables ». Le simple contact physique de ces personnes hors caste, au plus bas niveau de l'échelle sociale, est considéré comme une souillure. Plusieurs d'entre eux se sont convertis à l'Islam, car la religion musulmane les réhabilite dans une grande fraternité. L'Inde nouvelle rêvée par Gandhi abolirait le système discriminatoire des castes; tous les habitants seraient donc égaux. Le Mahatma ne fait pas que parler ou rêver. Il s'efforce d'abord de mettre en pratique tout ce dont il rêve pour l'Inde nouvelle, car il croit à la puissance d'une vie exemplaire, surtout quand l'exemple vient des chefs. En ce sens, Gandhi ne peut être taxé d'idéaliste ou de vieillard rêveur: il est un des grands «prophètes socialistes» de son époque, un des rares qui vive selon son idéal et ses principes.

Des explosions de violence dans le Bengale conduisent le Prophète de soixante-dix-sept ans à entreprendre, en novembre 1946, un pèlerinage de pénitence de quatre mois dans les villages de cette province. «Ce sera ma dernière grande expérience», dit-il.

Les musulmans du district de Noakhali avaient déchaîné leur fanatisme religieux sur les minorités hindoues qui vivaient dans leur propre village. Une grande partie de ces villages n'était plus que ruines; les musulmans massacraient et pillaient tous les hindous qu'ils croisaient sur leur passage. Ces musulmans donnaient suite à la «Journée d'Action directe», organisée par Jinnah, qui avait causé la mort de milliers d'hindous de Calcutta. Mais les représailles hindoues, dans la province du Bihar, risquaient à tout moment d'embraser l'Inde en une guerre fratricide.

Au début de janvier 1947, Gandhi réside dans le village de Srirampur, au Bengale. À 50 kilomètres du télégraphe, sans radio ni eau courante, il exerce depuis cette région son autorité morale sur tout le sous-continent indien. Toutefois, il est stupéfié de voir ceux qui l'ont suivi dans la quête ardue de l'indépendance de l'Inde ne pas comprendre en profondeur son message de fraternité. Il a le cœur brisé par la sauvagerie de ses compatriotes et par la menace grandissante de la partition de l'Inde. « Tous les Indiens sont frères », aime-t-il répéter.

Le pèlerinage de pénitence du Mahatma le conduit de village en village afin de « rallumer la lampe de la fraternité » par sa présence et son message d'amour; il ose même s'aventurer dans des villages à forte concentration musulmane.

Avec un petit groupe de fidèles, le Mahatma parcourt pieds nus cent quatre-vingt-cinq kilomètres en sept semaines. Il veut éclairer les esprits contaminés par la haine religieuse afin qu'ils puissent servir d'exemples de fraternité à l'Inde entière. « Le désir du peuple de vivre dans une entente fraternelle se reflétera fatalement ensuite dans l'action de ses chefs. »

Partout où il passe, Gandhi procède toujours de la même manière. Dès son arrivée, il se dirige vers une hutte — habitée par un musulman de préférence — et il demande poliment l'hospitalité! S'il est chassé, ce qui lui arrive à l'occasion, il frappe à d'autres portes jusqu'au moment où une famille charitable l'accueille avec joie. Il partage alors l'humble repas de ses hôtes: quelques légumes, des fruits, du lait de noix de coco et du lait de chèvre. Son accueil par les villageois permet à Gandhi d'ouvrir son message d'amour aux multiples facettes de la vie quotidienne :

*Je vous propose de vous montrer aussi la manière de conserver la propreté de l'eau de votre village et celle de vos corps. Je vais vous apprendre comment faire le meilleur emploi de la terre dont sont faits vos corps; comment puiser la force de vie dans l'infini du ciel au-dessus de vos têtes; comment renforcer votre énergie vitale en respirant l'air qui vous entoure.*

Le vieux prophète a une foi inébranlable dans les gestes concrets, car il est convaincu que les mauvaises conditions d'hygiène se trouvent à la base du haut taux de mortalité dans le pays. Il s'efforce alors de changer les habitudes malsaines qui remontent à des temps immémoriaux, comme celles de cracher par terre et de déféquer dans les chemins où les gens marchent pieds nus.

Pour ramener le calme dans les nombreux villages qu'il traverse, il a une méthode originale et somme toute assez efficace. Dans chaque village, le Mahatma trouve un musulman et un hindou ouverts à son message de réconciliation et de tolérance religieuse. Il les persuade ensuite de vivre ensemble sous un même toit! Ainsi ils deviennent les garants de la paix du village. Ils prennent l'engagement solennel de jeûner jusqu'à la mort, au cas où le virus de la haine religieuse empoisonnerait de nouveau le cœur de ses habitants.

Les pieds meurtris du Mahatma l'ont porté pendant trente ans dans les villages les plus reculés de l'Inde, dans des colonies de lépreux, dans des bidonvilles, dans les riches palais impériaux et dans les cellules des prisons britanniques. Mais peu importe où il va, un but ultime guide ses pas: la libération non-violente de l'Inde et la tolérance religieuse.

## Le miracle de Calcutta

En août 1946, à Calcutta, le chef de la Ligue musulmane, Jinnah, organise secrètement la «Journée d'Action directe» dans le but de hâter l'adoption du plan de partition et l'avènement du Pakistan. Cette journée consiste à tuer le plus grand nombre possible d'hindous. Le Premier ministre du Bengale, Suhrawardy, déclare jour férié la Journée d'Action directe et soutient en catimini les fanatiques musulmans. Mais à l'approche de la partition de l'Inde, la peur des représailles hindoues conduit Suhrawardy à demander au prophète de la non-violence sa présence dans la ville de Calcutta. En effet, qui d'autre que Gandhi peut sauver hindous et musulmans d'un massacre en éteignant le feu de la haine religieuse qui risque d'emporter cette ville?

Le vice-roi des Indes sait pertinemment que la présence de troupes britanniques dans la métropole ne servirait à rien.

Aussi bien essayer d'éteindre un incendie avec un verre d'eau!
«Allez à Calcutta, vous y serez mon armée à vous tout seul»,
demande Lord Mountbatten au Mahatma.

Celui-ci met deux conditions à sa présence dans la ville
damnée: le Premier ministre du Bengale doit obtenir la garantie des leaders musulmans du district de Noakhali que la
minorité hindoue n'encoure aucun danger. Advenant le massacre d'un seul hindou, Gandhi fait le serment public de jeûner
jusqu'à la mort. Le musulman Suhrawardy a ainsi la responsabilité de la vie du vieux prophète hindou!

*La seconde exigence du Mahatma surprit: Suhrawardy devait
être présent à ses côtés à Calcutta, et sans protection, au milieu
d'un des bidonvilles les plus malfamés de la ville sanglante.*
«*Ensemble, nous offrons nos vies à nos compatriotes pour le
retour de la paix à Calcutta*», dit Gandhi.
(Lapierre et Collins)

Calcutta a en effet le triste privilège de contenir les pires
taudis de la planète. Depuis plusieurs décennies s'entassent
dans ses bidonvilles les populations faméliques des régions
marécageuses du Bengale et des plaines désertiques du Bihar.
Deux millions d'affamés y vivaient — c'est beaucoup dire —
dans un état de sous-développement tel que l'espérance de vie
ne dépassait guère la trentaine.

Calcutta et la ville de Bombay — à environ quinze cents
kilomètres à l'ouest — avaient le sombre privilège de voir le
quart de ses habitants dormir, manger, se soulager et même
accoucher dans les rues. En plus d'y mourir de faim, hommes,
femmes et enfants mouraient de la tuberculose, du choléra et
de la dysenterie. La ville maudite détenait alors le sinistre
record de dénombrer plus de morts par année que tous les
combats indiens contre l'Empire n'en avaient fait pendant plus
d'un siècle et demi de colonisation. Calcutta, hier encore tolé-
rante, était devenue la capitale du fanatisme religieux. La ville
était déjà connue pour sa «brutalité»: ses dieux et ses légendes

constituaient des témoignages éloquents de ses goûts. «Sa sainte patronne était Kali, la déesse hindoue de la destruction, féroce buveuse de sang dont les statues s'ornaient de guirlandes de serpents et de crânes humains.»

Encore aujourd'hui, le panthéon hindou est composé d'une - mosaïque de trois cent trente millions de divinités. D'ailleurs, dans l'hindouisme, les fidèles ne peuvent connaître Dieu qu'à travers ses innombrables manifestations: à tout moment, en tout lieu et en toute chose, Dieu se manifeste à la foi éclairée. «La terre, mère universelle, l'eau, source de la vie, et le feu, essence de l'énergie et de la destruction, composent la *trimurti*, la Trinité de l'hindouisme», expliquent Lapierre et Collins.

Par sa seule présence au milieu de Calcutta, Gandhi espère y réaliser un retournement miraculeux que même l'armée britannique ne pouvait espérer accomplir. Ce n'est pas la première fois qu'il se prépare à donner sa vie pour les siens mais, cette fois-ci, l'objectif est différent. Il ne s'offre pas en sacrifice pour libérer l'Inde des griffes de l'Empire, mais pour libérer les Indiens de la haine religieuse qui empoisonne leur cœur.

Le Père de l'Inde a guidé et soutenu sa nation, dans son cheminement sinueux vers son indépendance, par une prière publique qu'il présidait, tous les soirs, à 5 heures. «Répétées de bouche en bouche, publiées dans les journaux, retransmises à la radio, ces allocutions quotidiennes ont été le ciment de son mouvement, et comme l'évangile du Mahatma», affirment Lapierre et Collins.

Le 14 août 1947, toujours à la même heure, Gandhi se présente à la porte de la maison de Hydari Mansion. Soutenu par ses deux petites-nièces, Abha et Manu, il se prépare pour une autre prière publique. Arrivé dans la cour, entouré par la foule, le vieux prophète prend la parole:

*Si Calcutta parvient à retrouver la raison et à sauvegarder la fraternité, peut-être l'Inde entière pourra-t-elle être sauvée. Mais, si les flammes d'un combat fratricide embrasent le pays, comment notre liberté toute neuve survivrait-elle?*

Le Mahatma annonce publiquement à ses partisans que demain, jour de l'indépendance de l'Inde, sera pour lui non un jour de réjouissance mais un jour de deuil. Il exhorte ses proches à filer au rouet, à prier et à jeûner, comme il le fera lui-même, afin que l'Inde soit épargnée du malheur qu'il prévoit au lendemain de la partition.

Avec comme seules armes ses assemblées de prière, ses grèves de la faim et son antique roue de bois, Gandhi apprivoise les bidonvilles de Calcutta. Le miracle a lieu. À la place d'une flambée de violence, on observe dans les rues de Calcutta des hindous et des musulmans se jeter dans les bras les uns les autres et chanter ensemble.

*À un groupe de responsables politiques venu chercher sa bénédiction, il déclara: «Méfiez-vous du pouvoir, car le pouvoir corrompt. Ne tombez pas dans ses pièges. N'oubliez pas que votre mission est de servir les pauvres des villages de l'Inde.»*

Dans l'après-midi du 15 août, le rituel de la prière de Gandhi attire une foule de trente mille personnes venues de partout pour l'entendre. Du haut d'une estrade en bois fortuite, il remercie de tout cœur l'assemblée pour la victoire éclatante de l'amour et de la raison sur la haine religieuse. Le souhait le plus cher du Mahatma est que leur exemple de tolérance religieuse inspire leurs frères du Panjab et du Bengale. «Lorsqu'on a bu à la coupe empoisonnée de la haine, le nectar de l'amitié devrait paraître encore plus doux.»

Son jeûne d'une journée l'ayant fatigué, le vieux prophète de l'amour part en auto avec le musulman Suhrawardy pour un défilé à travers les rues bondées de monde de Calcutta. Vingt-quatre heures auparavant, la foule l'avait accueilli avec des pierres, des insultes et elle l'invitait fortement à partir. Aujourd'hui, la même foule clame à haute voix: «Gandhi, tu es notre sauveur», en aspergeant la Chevrolet d'eau de rose. Quelle miraculeuse conversion du cœur des hommes!

*Sur le coup de minuit...*

Quelques heures auparavant, dans la capitale, sur le dernier coup de minuit du 15 août 1947, le Premier ministre de l'Inde, Jawaharlal Nehru, improvise un discours pour marquer officiellement l'indépendance de son pays:

> *Sur le coup de minuit, quand dormiront les hommes, l'Inde s'éveillera à la vie et à la liberté. L'instant est là, un instant rarement offert par l'Histoire quand un peuple sort du passé pour entrer dans l'avenir, quand une époque s'achève, quand l'âme d'une nation, longtemps étouffée, retrouve son expression... Aujourd'hui, nous devons construire la noble demeure de l'Inde libre, accueillante pour tous ses enfants.*

Au douzième coup de minuit, le premier chef du nouvel État indien demande à la foule rassemblée en cet instant historique de se lever et de prêter le serment solennel de servir l'Inde et son peuple libre.

Le dernier coup de minuit marque la fin d'une longue lutte vers l'indépendance de l'Inde qui, selon toute probabilité, aurait été impossible sans son artisan, Mohandas Karamchand Gandhi. Aussi, c'est la fin du plus grand empire chrétien de tous les temps. Tout autre empire est voué à durer moins longtemps, car l'indépendance de l'Inde représente beaucoup plus qu'une simple page tournée; c'est la fin d'un chapitre de l'Histoire et le commencement d'un autre.

Le dernier coup de minuit annonce le début d'une journée de réjouissance dans tout le pays. Des millions d'hindous et de musulmans fêtent, chacun selon ses coutumes, et parfois même ensemble. Calcutta, où le sang est si prompt à couler, vit un changement qui tient du miracle. Vingt-quatre heures plus tôt, les extrémistes religieux hindous et musulmans étaient prêts à s'entretuer, et maintenant ils s'étreignent dans les rues. Les femmes et les enfants des diverses communautés sont aussi de la fête : ils s'échangent des friandises !

Malheureusement, pour d'autres Indiens, ce moment si attendu tourne au cauchemar. À Baluchistan, dans la banlieue de Quetta, les cadavres mutilés d'une famille hindoue jonchent les rues pendant que brûle leur maison. Dans cette vague de frénésie religieuse, la famille musulmane qui a accueilli fraternellement ces hindous est, elle aussi, assassinée.

Pour des millions d'autres Indiens, il n'est pas question de se réjouir en ce jour funèbre où les provinces du Bengale et du Panjab sont découpées en deux nations dorénavant ennemies. Des gens ont tout perdu : maison, terre, et surtout la bonne entente qui unissait hindous et musulmans dans une culture et une langue communes depuis la nuit des temps.

Les princes des Indes — les maharajahs et les nawabs — n'ont pas, eux non plus, l'âme à la fête. Le dernier coup de minuit marque la fin de leur univers mirifique, celui des États princiers.

Peu après le dernier coup de minuit, une délégation officielle du nouveau Parlement indien se rend au palais du vice-roi pour lui demander de devenir le premier gouverneur de l'Inde souveraine. Lord Mountbatten accepte ce grand honneur avec un pincement au cœur. Il promet de servir loyalement la nouvelle nation ainsi que son peuple.

Le vice-roi se rappelle que le Mahatma, un mois plus tôt, lui avait adressé la même requête. Il avait été surpris et profondément ému en regardant ce vieil homme chétif vêtu du traditionnel *khadi*. Il songe maintenant :

*Depuis un quart de siècle, le gouvernement anglais l'a emprisonné, l'a humilié et a tout mis en œuvre pour le neutraliser dans les pourparlers sur l'indépendance de l'Inde, et lui, véritable prophète de la fraternité, il a malgré tout cette grandeur d'âme de nous pardonner et de nous faire cet honneur.* (Lapierre et Collins)

Le rôle de gouverneur général de l'Inde est un titre honorifique, sans pouvoir réel, à l'exemple du roi d'Angleterre. Mais il apporte au dernier vice-roi, et par le fait même à la Grande-Bretagne, une immense récompense. Dans toute l'histoire de la décolonisation, l'arrière-petit-fils de la reine Victoria a été le seul à recevoir cette glorieuse distinction.

Le 16 août 1947, au lendemain des grandes festivités, le vice-roi remet aux deux Premiers ministres des États souverains, Nehru et Jinnah, le plan de partition gardé secret qui mutile irrémédiablement l'Inde. La division du Panjab et du Bengale, pour créer le double Pakistan oriental et occidental, va entraîner des conséquences catastrophiques sans pareilles dans l'histoire de l'Inde. «Il n'existait malheureusement aucun tracé idéal qui eût pu éviter cette moisson d'angoisse et de souffrances», avouera plus tard Lord Mountbatten.

Pendant plus de quarante jours, l'Inde du Nord sombre dans une explosion de violence d'une ampleur déconcertante. Aucune ville, aucun village, aucune famille, ne sont épargnés par l'intolérance religieuse. Cette courte période de sauvagerie fait plus d'un demi million de morts, c'est-à-dire autant de morts que de Français tombés pendant la Deuxième Guerre mondiale.

Une règle d'or et d'horreur prévaut dans toutes les communautés ethniques : les plus forts, les plus nombreux attaquent impitoyablement les plus faibles et les minorités. Le découpage du Panjab laisse cinq millions d'hindous et de sikhs en sol islamique, et autant de musulmans en terre hindoue. Cette province, joyau de l'Inde, devient un effroyable cimetière dont la mémoire des survivants sera à jamais traumatisée.

*Plus de dix millions de personnes — de quoi former une chaîne allant de Calcutta à New York — changeraient de domicile en moins de trois mois.*

*Cet exode sans précédent ferait dix fois plus de réfugiés que la création de l'État d'Israël au Moyen-Orient, et quatre fois plus de «personnes déplacées» que la Deuxième Guerre mondiale.* (Lapierre et Collins)

Par millions, hindous et musulmans, condamnés à l'exode parce qu'ils résidaient dans une région attribuée à l'autre camp, arrivent dans leur nouvel État chargés de ressentiments et de peurs. Sur leur passage, ils ont répandu le virus de la haine religieuse qui a contaminé le Panjab et le Bengale. Ces provinces ne retrouveront jamais plus l'esprit de fraternité qui les animait.

Les chefs politiques des nouvelles nations ont tenté de s'opposer à cette désastreuse migration, mais peine perdue. Aucune famille des communautés minoritaires n'a voulu rester en sol devenu ennemi et courir le risque d'être à son tour victime de la violence qui s'abattait sur le Panjab et le Bengale.

La haine religieuse ne connaît pas de limites. Sur des centaines de kilomètres, des femmes et jeunes filles sont enlevées aux caravanes de réfugiés et aux villages, puis violées et parfois mutilées. Le capitaine Robert E. Atkins, chargé de la protection des convois, évoque le drame des caravanes marchant à travers un monde hostile vers une terre inconnue:

*Ils se mettaient en route dans une sorte d'euphorie. Puis, sous la torture de la chaleur, de la soif, de la faim, des kilomètres qui s'ajoutaient aux kilomètres, ils abandonnaient peu à peu tout ce qu'ils portaient, jusqu'à ce qu'ils n'aient plus rien.* (Lapierre et Collins)

Malgré tous leurs efforts, Nehru et Jinnah admettent que le déracinement de millions de personnes est un prix excessif à payer pour l'indépendance de l'Inde et la création du Pakistan à double tête.

Les cinquante-cinq mille soldats de la force spéciale d'intervention, créée par l'ancien vice-roi, ne parviennent pas à réaliser ce qu'un seul homme sans arme a accompli à Calcutta. Aucun homme politique n'a vu l'enfer dans lequel le plan de partition allait plonger l'Inde du Nord; seul Gandhi l'avait prédit. «Comment aurions-nous pu prévoir une telle catastrophe lorsque nous avons accepté la partition? Nous étions tous frères alors. Pourquoi tout cela est-il arrivé?» demande Nehru.

L'accueil de dix millions et demi d'êtres humains dans leur nouvel État allait causer aux deux gouvernements une multitude de problèmes. L'essentiel vital manquait: des millions de vaccins, de couvertures et de tentes, ainsi que la prodigieuse organisation qui aurait pu subvenir aux besoins de tous les indigents.

*Calcutta la rebelle*

Le miracle de Calcutta a duré seize jours. Le 31 août 1947, le vaccin de la fraternité administré par Gandhi perd son effet magique. L'intolérance religieuse refait surface et empoisonne à nouveau le cœur de la population de la ville. Les récits d'horreur racontés par les réfugiés du Panjab rallument les haines meurtrières.

Gandhi en est profondément troublé. À la veille de ses soixante-dix-huit ans, et pour la seconde fois en moins d'un mois, il décide de jeûner jusqu'à la mort afin que revienne la fraternité entre hindous et musulmans de la ville rebelle. «Ou bien il y aura la paix à Calcutta, ou je serai mort», affirme-t-il.

*L'arme que Gandhi allait brandir était bien la plus paradoxale qu'on pût employer dans ce pays où mourir de faim était, depuis des siècles, la plus commune des malédictions. Cette arme était pourtant aussi ancienne que l'Inde. L'antique adage des rishi, les premiers sages de l'Inde antique — « Si tu fais cela, c'est moi qui meurs»* — *n'avait cessé d'inspirer un peuple démuni le plus souvent de tout autre moyen de coercition.*

(Lapierre et Collins)

Non seulement le Mahatma emploie l'arme ancestrale des *rishi*, le jeûne, mais il lui donne une portée nationale. Cette arme subtile de la non-violence a le pouvoir d'éveiller les consciences nonchalantes tout en exhortant à l'action les âmes bienveillantes. Dans la ligne des sages de l'antiquité, Gandhi soutient que seul le jeûne peut «ouvrir l'œil de la compréhension, sensibiliser les fibres morales de tous ceux contre lesquels il est dirigé.»

Ses grèves de la faim font partie de son image de marque; à seize reprises, l'apôtre de la non-violence a pris la décision publique de jeûner. Le refus de s'alimenter, comme argument coercitif de son action politique et religieuse, fait de lui le seul — ou du moins le plus grand — "théoricien" universel du jeûne.

Mais attention, l'arme ancestrale des *rishi* ne s'applique uniquement «contre un adversaire à l'amour duquel on peut prétendre», souligne Gandhi. Dans cette perspective, il aurait été vain de demander aux prisonniers des camps nazis de se mettre à jeûner afin de transformer le cœur de leurs bourreaux.

Pression morale d'une portée nationale, le jeûne a été aussi utilisé périodiquement par le Mahatma comme ascèse, dans le but d'une élévation mystique. L'abstinence de nourriture et la continence représentaient pour lui des formes concrètes de la prière, des éléments nécessaires à son cheminement spirituel. «Je crois que la force de l'âme ne peut croître qu'avec la maîtrise de la chair. Nous oublions trop facilement que la nourriture n'est pas faite pour plaire au palais, mais pour soutenir notre esclave de corps», disait Gandhi.

Après son troisième jour de jeûne, l'état de santé fragile du vieux prophète se dégrade rapidement. Il ne murmure qu'avec peine et son pouls se fait aussi lent et silencieux que la mort.

Les nouvelles inquiétantes sur sa santé se répandent à la vitesse de l'éclair dans tous les foyers de la ville, et même à travers l'Inde. Le miracle se produit à nouveau. Extrémistes hindous et musulmans ou fidèles pacifiques, les habitants de Calcutta sont remplis d'un sentiment de honte mêlé de remords. Les élans de violence qui grondaient sournoisement dans le cœur des Indiens de la métropole se métamorphosent en une vague de fraternité, de générosité et de joie.

Au soir de sa troisième journée de jeûne, la maison de Hydari Mansion est envahie par des centaines de visiteurs venus soutenir le Mahatma et prier à son chevet. Il reçoit du gouverneur un message exprès lui annonçant que la paix est revenue partout dans Calcutta. De plus, en guise de bonne foi, les fanatiques religieux des diverses communautés viennent déposer leurs armes à la porte de sa résidence d'accueil. De hautes personnalités hindoues, musulmanes et sikhs de Calcutta rédigent un acte commun dans lequel elles s'engagent à lutter jusqu'à la mort contre l'intolérance religieuse, afin qu'elle ne s'infiltre jamais plus dans le cœur de ses habitants.

Après soixante-treize heures de jeûne, le 4 septembre 1947, Gandhi met un terme à sa grève de la faim en buvant quelques onces de jus d'orange. Couché sur sa paillasse, il dit d'une voix faible :

*Calcutta détient aujourd'hui la clef de la paix dans l'Inde tout entière. Le moindre incident ici est capable d'entraîner ailleurs des répercussions incalculables. Même si le monde venait à s'embraser, vous devriez faire en sorte que Calcutta reste en dehors des flammes.*

Cette fois-ci, Calcutta tient sa promesse de vivre en paix, bien que le pire soit à venir dans la province du Panjab, dans la capitale et dans plusieurs autres villes et villages. Jusqu'à la mort du Père de la nation, Calcutta ne se laissera pas prendre au piège de la haine religieuse. Le miracle dure...

Pendant que Calcutta retrouve sa tolérance légendaire, la capitale – New Delhi – n'est pas épargnée par l'explosion de violence. Pour le vieil apôtre de la non-violence, cette nouvelle est un coup dur, une autre pénible déception.

En ces temps de désarroi profond, le Mahatma demeure fidèle aux grands principes qui ont guidé son existence depuis l'Afrique du Sud : la non-violence, la fraternité, la tolérance religieuse, la vérité, la foi en un Dieu unique et universel. Il garde foi en son idéal, seule lumière encore capable de sauver sa patrie dévastée par une guerre fratricide. Il proclamait dans un camp de réfugiés : «Offrez-vous volontairement sur l'autel du sacrifice. Acceptez d'être les martyrs de la non-violence. Soyez prêts à mourir, s'il le faut, avec le nom de Dieu sur les lèvres.»

Si les convictions du Mahatma réussissaient temporairement à apaiser son auditoire, il restait néanmoins impuissant à consoler en profondeur l'âme meurtrie de son peuple. Les Indiens n'entendaient plus son message d'amour.

À la demande de la minorité musulmane de New Delhi, le Mahatma se rend dans la capitale afin de veiller à sa sécurité et pour y ramener la paix. Cette attitude du vieux prophète à vouloir toujours être disponible et ouvert à la cause des musulmans provoque l'irritation d'un grand nombre d'hindous. C'est en vain qu'il essaie d'expliquer à ses compatriotes que tous les Indiens sont frères. «Musulmans, hindous, sikhs et chrétiens, ils ne font tous qu'un pour moi.»

Au cours de ses réunions quotidiennes de prière, Gandhi a l'habitude de lire indistinctement les Évangiles, le Bhagavad Gîtâ, le Coran et l'Ancien Testament; mais cela lui est impossible à New Delhi. Une voix hargneuse interrompt sa prière publique :

— Nos femmes, nos filles et nos sœurs ont été violées et nos frères mutilés au nom de cet Allah!

— Mort à Gandhi, clame une autre voix.

Devant tant d'incompréhension et d'hostilité, le Mahatma doit interrompre, pour la première fois de sa vie, sa prière publique.

Depuis le miracle de Calcutta où Gandhi a habité dans un bidonville musulman, le prophète hindou est paradoxalement plus reconnu dans le cœur des musulmans que leur propre chef politique, Ali Jinnah. En contre-partie, depuis cette prise de position, le prophète de la tolérance religieuse est accablé par le ressentiment d'un grand nombre d'hindous.

## Laissons mourir Gandhi!

Pour son soixante-dix-huitième anniversaire, soit le 2 octobre 1947, Gandhi choisit de passer la journée à prier et à filer sur son vieux rouet de bois. Il reçoit des milliers de télégrammes, de lettres et de messages d'affection de ses fidèles et de ses admirateurs internationaux.

*Leaders ou réfugiés, hindous, sikhs et musulmans se succédèrent à Birla House avec l'offrande de fruits, de friandises, de fleurs. Par leur présence, Nehru, Patel, les ministres, des journalistes, des ambassadeurs, lady Mountbatten donnèrent à l'événement la dimension d'une fête nationale.*

Durant sa réunion de prière, il demande à ses fidèles les raisons de l'avalanche de remerciements et de félicitations à son égard. Le cœur du vieil apôtre de l'amour n'est pas à la joie; il est en deuil, souffrant en silence du massacre de tant d'innocents hindous et musulmans. «Priez Dieu, pour que prennent fin les affrontements actuels ou qu'Il me rappelle à lui. Je ne veux pas qu'un nouvel anniversaire me surprenne dans une Inde en flammes.»

«Nous étions allés vers lui dans l'exaltation, nous sommes repartis le cœur lourd», écrit la fille de Patel dans son journal personnel.

Pour celui que ses partisans accueillaient comme le sauveur de Calcutta, la cohabitation pacifique de diverses communautés dans la même ville a une valeur symbolique. Car l'Inde nouvelle désirée passionnément par le Mahatma est une Inde où il ferait bon vivre, où la fraternité, l'amour et la tolérance religieuse entre ses différents peuples seraient réalité courante. «Cet idéal fait de nous tous, hindous, sikhs, musulmans, chrétiens, les fils et les filles de notre mère commune, l'Inde.»

En décembre 1947, son idéal à la fois socio-politique et spirituel ne peut empêcher les musulmans de Panipat de quitter leur ville par peur des sikhs fanatiques. Encore un événement tragique qui s'ajoute à tant d'autres et qui rend le vieux prophète de la paix «l'homme le plus triste jamais rencontré», selon le mot de son dévoué secrétaire. «Si l'Inde n'a plus besoin de la non-violence, peut-elle encore avoir besoin de moi?» se demande Gandhi.

Mais le Mahatma n'est pas le genre d'homme que l'affliction laisse sans ressource. Au contraire, il ne donne aucun répit à ses amis du Congrès, en confrontant sans relâche leurs décisions et leurs pratiques politiques à son haut idéal. De la corruption florissante des administrateurs indiens aux dépenses excessives pour des banquets ministériels, alors que dix millions et demi de réfugiés n'ont même pas le minimum vital pour survivre, aucun politicien n'échappe à ses critiques virulentes mais toujours constructives. En fait, le Mahatma est la conscience de l'Inde. «Prenez garde, les nouveaux intellectuels de l'Inde se préparent à industrialiser la nation sans se préoccuper des intérêts de mes chers paysans», dit-il.

Dans l'ensemble, les politiciens indiens étaient hypnotisés par l'aura trompeuse du progrès scientifique, par le développement de la technique et de l'économie de l'Occident. Pour eux, le modèle de développement économique et social de la société occidentale était celui à suivre.

Mais son expérience sur le terrain lui conférant une profonde connaissance de l'âme indienne, le Mahatma ne partage évidemment pas les visées sociales et politiques des dirigeants de l'Inde. Voyant ses vues sociales et ses idéaux rejetés, Gandhi est las de porter sur ses épaules toute la souffrance de son peuple devenu fou. Sa «voix intérieure» se fait alors entendre, comme elle l'avait si souvent fait par le passé.

Le 13 janvier 1948, à 11 h 55 de l'avant-midi, le Mahatma Gandhi entreprend à soixante-dix-huit ans son dernier jeûne. La raison en est simple: le gouvernement de l'Inde refuse de restituer au Pakistan la somme due de cinq cent cinquante millions de roupies provenant de l'héritage anglais.

Sous l'ancien régime des colonisateurs, le gouvernement indien avait pourtant pris l'engagement officiel de payer sa dette à l'État musulman dans les jours qui suivraient la partition de l'Inde. Mais devant les actes de barbarie qui ravageaient l'Inde du Nord, les chefs de la nation indienne étaient revenus sur leur parole: il n'était plus question de restituer le dû à leur ennemi. Pour Gandhi, «un homme et un gouvernement doit tenir parole envers ses engagements. C'est une question d'honneur. L'Inde nouvelle se doit d'offrir au monde entier un exemple de moralité.»

La grève de la faim de Gandhi prend une nouvelle dimension. Contrairement à ses jeûnes précédents, il ne jeûne pas pour éviter une tuerie, mais afin que l'Inde retrouve son honneur perdu et la paix sociale. «Le chemin qui mène à Dieu est le chemin des braves et non celui des lâches», dit-il dans sa prière matinale.

Gandhi offre son jeûne à Dieu afin qu'Il extirpe la haine du cœur de tous les Indiens. «Les hindous, les sikhs et les musulmans doivent se décider à vivre en paix dans ce pays, comme des frères.» L'antique arme de coercition des *rishi* va encore une fois lui servir à atteindre son objectif de paix, qui révèle la grandeur d'âme du Mahatma.

*Je mets Delhi à l'épreuve*, dit-il. *Quels que soient les massacres qui frappent l'Inde ou le Pakistan, j'implore le peuple de notre capitale de ne pas se laisser détourner de son devoir [...] Toutes les communautés, tous les Indiens doivent remplacer la bestialité par l'humanité et redevenir d'authentiques Indiens. S'ils ne peuvent y parvenir, ma présence en ce monde est inutile.*

Pendant que la paix miraculeuse se poursuit à Calcutta, le vieux Mahatma attire à New Delhi des journalistes de la presse indienne et internationale. Son jeûne prend, dès son annonce, un caractère national et mondial.

Les conditions qu'il pose à l'arrêt de sa grève de la faim sont accueillies par ses compatriotes de diverses manières:, joie, surprise, consternation et même virulente critique. Gandhi exige en effet du gouvernement de l'Inde la restitution à l'État musulman de son dû; il exige aussi des réfugiés hindous qu'ils quittent les mosquées et les maisons musulmanes où ils se sont mis à l'abri du froid et de l'enfer des camps d'accueil.

Les exigences du prophète de la fraternité font sursauter Vinayak Damodar Savarkar, chef vénéré du mouvement extrémiste hindou, le R.S.S.S., ainsi que ses partisans des fiefs de Poona et de Bombay. Savarkar, dit «Vir» (le Brave), déteste au plus haut point Gandhi et son principe de la non-violence. Il hait aussi les musulmans qui n'auraient aucune place dans son Inde strictement hindoue. Sa doctrine est véhiculée par son journal intégriste, le *Hindu Rashtra* (La Nation hindoue), dont s'occupent deux de ses fidèles collaborateurs, Nathuram Godsé et Narayan Apté.

*Hindous fanatiques, ils avaient au moins un point commun avec le prophète de la non-violence: eux aussi étaient accablés par la division de l'Inde. Mais le rapprochement s'arrêtait là [...]*
*Leur mouvement était fondé sur un vieux rêve historique, celui de reconstituer un grand empire hindou [...] Ils considéraient la doctrine de non-violence comme une philosophie de lâches, propre à corrompre la force de caractère des peuples hindous. Il n'y avait*

*aucune place dans leur idéal pour la fraternité et la tolérance à l'égard de la minorité musulmane de l'Inde.* (Lapierre et Collins)

Pour Savarkar et ses fidèles partisans, la meilleure chose qui puisse arriver serait la mort de Gandhi au cours de son jeûne!

D'ailleurs, après sa première journée de jeûne, le fragile prophète a déjà perdu un kilo. Depuis sa grève de la faim à Calcutta, ses reins souffrent d'une déficience chronique; de plus, il souffre, entre autres, de montées subites de tension. Dans son état d'épuisement, sa survie dépend du moment où les protéines de ses tissus seront dévorées par son organisme. L'imminence de la mort du Mahatma angoisse terriblement ses proches.

*Toute la journée, des dirigeants hindous, sikhs et musulmans défilèrent devant Gandhi pour le supplier d'abandonner sa grève de la faim. Leur inquiétude se fondait sur un phénomène dont n'avait pas conscience le proche entourage du Mahatma. Pour la première fois, son jeûne soulevait plus d'irritation que d'admiration chez ses compatriotes... Ses souffrances ne représentaient pour d'innombrables hindous qu'une manœuvre partisane destinée à servir la cause des musulmans.* (Lapierre et Collins)

— Laissons mourir Gandhi! clame une poignée de réfugiés hindous devant Birla House.

*Épargnons Gandhi!*

Après deux jours de jeûne, le jeudi 15 janvier 1948, la santé du Mahatma atteint un état critique. Son médecin découvre de l'acétone et de l'acide acétique dans son urine du matin, ce qui signifie que son organisme a déjà commencé à se nourrir à même ses propres tissus. S'il s'obstine dans la poursuite de son jeûne, Gandhi franchira le point de non-retour; sa décision engage ainsi irrémédiablement son avenir. Il choisit néanmoins de poursuivre sa grève de la faim.

Dans l'après-midi, le Premier ministre Nehru annonce que son gouvernement restituera à l'État musulman la somme due de cinq cent cinquante millions de roupies. À la suite de cet acte de justice destiné à amener l'apôtre de la réconciliation à suspendre son jeûne, Nehru appelle son peuple à mettre un terme définitif à la guerre fratricide qui mutile l'Inde. « La mort du Mahatma signifierait pour l'Inde la perte de son âme », dit Nehru à dix mille Indiens rassemblés à l'esplanade du Fort rouge en ce 15 janvier.

Ce soir-là, Gandhi n'a pas l'énergie nécessaire pour animer sa prière publique. D'ailleurs, il n'a même plus la force de marcher seul ou simplement de rester assis. C'est d'un microphone placé à son chevet qu'il prononce quelques mots à des centaines d'Indiens venus à Birla House pour entendre son message d'amour, retransmis à l'extérieur par un haut-parleur :

*Occupez-vous de la patrie et de son besoin de fraternité. Ne vous tourmentez pas pour moi. Celui qui est né dans ce monde ne peut échapper à la mort. La mort est notre amie à tous. Elle doit toujours mériter notre gratitude, car elle nous soulage à jamais de toutes nos misères.*

Dans la capitale, au troisième jour de jeûne de Gandhi, ont lieu de modestes défilés invitant les Indiens à la réconciliation afin de sauver sa vie. Du côté du Pakistan, l'émotion s'avère plus vive. « À travers tout le pays, les leaders de la Ligue musulmane s'attachent à transfigurer leur ancien adversaire en "archange de fraternité" », disent Lapierre et Collins. Les mosquées se remplissent de musulmans venus prier afin que la mort épargne leur défenseur hindou.

Le vendredi 16 janvier, le chétif apôtre de la non-violence ne pèse plus que 48 kilogrammes. En osant faire seul quelques pas vers la salle de bain, il s'évanouit: ses reins n'éliminent plus, le cœur a des faiblesses. La mort est imminente.

Sushila Nayar, son médecin personnel, fait part à Gandhi de son état critique de santé. Il l'avertit que s'il poursuit sa grève de la faim, tous ses organes vitaux atteindront un point crucial. Mais le Mahatma ne veut pas abandonner son jeûne quand les choses commencent à peine, à son goût, à changer!

Heureusement pour Gandhi, le miracle se produit. En ce début de matinée, l'Inde se convertit à la paix à une vitesse inouïe, comme elle l'avait fait si souvent à la suite de ses jeûnes. Mais cette fois-ci, c'est non pas une ville mais tout le sous-continent indien — peuplé de quatre cents millions d'habitants — qui vit suspendu au fil qui le maintient en vie.

Les bureaux, les boutiques, les universités, les cafés, les usines textiles, tout est fermé. Dans les rues de toute la nation indienne, des gens scandent des slogans et brandissent des pancartes: «Épargnez Gandhi», «Unité», «Fraternité».

*Hindous, sikhs et musulmans formèrent des «brigades de la Paix» et traversèrent New Delhi, main dans la main, en distribuant aux passants des pétitions qui suppliaient Gandhi de mettre fin à son jeûne. Des camions sillonnaient les avenues, pleins de jeunes gens criant: «La vie de Gandhi est plus précieuse que la nôtre.»* (Lapierre et Collins)

Deux cents veuves et orphelins des tueries du Panjab viennent dire au Mahatma qu'ils s'associent à sa grève de la faim en renonçant à leur maigre ration de réfugiés. Des milliers d'hindous s'engagent solennellement à accueillir les musulmans qui voudraient revenir habiter leur résidence.

Des porte-paroles de délégations politiques et religieuses viennent à Birla House pour confirmer à Gandhi que les Indiens étaient en train de retrouver leur tolérance légendaire:

*Votre grève de la faim a profondément bouleversé le cœur des hommes à travers le monde. Nous vous promettons de travailler à faire de l'Inde une patrie unique pour les musulmans, pour les sikhs, les hindous et les autres communautés. Nous vous supplions de mettre fin à votre jeûne et de sauver l'Inde de la misère!*

Mais avant d'interrompre son jeûne, le Mahatma attend la garantie que la métamorphose de la population de l'Inde ne soit pas une tromperie dans l'unique but de l'arracher aux griffes de la mort. En d'autres termes, il veut s'assurer que le changement du cœur des Indiens n'est pas superficiel et temporaire, mais profond et définitif.

Gandhi énonce alors sept conditions impératives avant de mettre un terme à sa grève de la faim : les hindous et les sikhs devront restituer aux musulmans leurs mosquées transformées en camps de réfugiés; ils devront assurer aux musulmans leur sécurité dans les trains; les hindous devront suspendre définitivement le boycottage des commerces musulmans de la capitale. Les quatre autres conditions couvrent aussi des aspects concrets de la vie sociale de l'Inde. Il croit qu'une telle charte peut garantir la paix sociale si elle est acceptée et signée par tous les hommes politiques ainsi que par les chefs extrémistes hindous et musulmans.

Dans la journée du 18 janvier, le secrétaire du Mahatma, Pyarelal Nayar, lui apporte le document de la paix qu'il attendait avec impatience, paraphé de toutes les signatures. Les membres du comité de paix s'engageaient à restaurer la fraternité, la tolérance religieuse, l'harmonie sociale entre tous les peuples qui composent l'Inde. Les chefs indiens défilent alors un à un auprès de Gandhi afin de s'engager solennellement à rétablir la paix dans l'Inde.

— J'accepte de rompre mon jeûne; que la volonté de Dieu soit faite, murmure le Mahatma Gandhi.

Après 121 heures et demie de grève de la faim, l'apôtre de la réconciliation accepte de manger un peu. À midi quarante-

50

cinq, en ce dimanche 18 janvier 1948, il réussit seul ce qu'aucune armée n'aurait pu réaliser: il met fin au vent de haine religieuse qui ravageait le cœur des Indiens. Qui d'autre que le Mahatma Gandhi aurait pu accomplir un tel miracle? Ce soir-là, il s'adresse à la foule réunie sur la pelouse de Birla House pour la réunion de prière:

*Je ne pourrai jamais oublier jusqu'à mon dernier jour l'affection que vous m'avez tous témoignée. Ne faites pas de différence entre notre ville et le reste du pays. Il faut que la paix revienne dans l'Inde et le Pakistan tout entiers [...] Ce qui est vrai est vrai, que ce soit écrit en sanscrit, en urdu, en persan ou en toute autre langue [...] Puisse Dieu nous donner la raison, ainsi qu'au monde entier. Puisse-t-il nous rendre plus sages et nous rapprocher de lui, afin que l'Inde et l'univers connaissent le bonheur.*

Des milliers de personnes arrivent de partout afin de voir le *darçan* (la «vue») du Mahatma. De nos jours encore, le *darçan* est lié au besoin religieux d'être en contact avec l'Absolu par l'intermédiaire de ses images les plus parlantes: les sages, les saints, les lieux sacrés et les différents symboles de la divinité.

*Aucun phénomène n'est plus profondément ancré dans la conscience indienne, aucun besoin plus unanimement ressenti que celui d'un darçan [...] Il est à la fois une rencontre, une bénédiction, la transmission par un courant indéfinissable d'une influence spirituelle bénéfique.* (Lapierre et Collins)

Ce soir-là du 18 janvier, le *darçan* de l'apôtre de l'amour a donné lieu à un spectacle pathétique d'une grande valeur spirituelle.

## L'assassinat du prophète de la non-violence

Depuis la Marche du sel entreprise en 1930, Gandhi n'a jamais eu autant de témoignages d'affection de la part du monde entier. Il déborde d'enthousiasme et sa santé s'améliore miraculeusement.

*Le mystère et le pouvoir d'un fragile vieillard de soixante-dix-huit ans ébranlent le monde et lui donnent une nouvelle espérance [...] Il a manifesté une puissance qui peut devenir supérieure à celle de la bombe atomique et que l'Occident doit considérer avec envie et espoir,* écrit le News Chronicle de Londres.

Son ancien adversaire politique, Jinnah, l'invite au Pakistan. Pour Gandhi, c'est l'occasion rêvée de pouvoir étendre sa doctrine de la non-violence et son idéal d'amour au-delà des frontières indiennes:

*Puisque tous mes efforts ont échoué dans le maintien de l'unité politique de l'Inde, peut-être pourrais-je du moins lui donner une unité spirituelle? [...]*
*Même si nous vivons séparément, ne sommes-nous pas les feuilles d'un même arbre?*

Pour les hindous intégristes militant dans le R.S.S.S., le voyage projeté du Mahatma en sol musulman sert de catalyseur à leur frénésie religieuse et nationaliste. «Il faut supprimer Gandhi», se disent-ils. Narayan Apté et Nathuram Godsé choisissent le moment privilégié où le vieux prophète est le plus vulnérable: durant sa prière publique. Le temps presse. «Demain mardi, nous passerons à l'action», décident-ils.

Le 20 janvier 1948, c'est une tentative manquée d'éliminer celui que le R.S.S.S. qualifie de «responsable du massacre de centaines de milliers d'hindous au Panjab.» Pendant la réunion de prière, la grenade que Godsé préparait précieusement pour le Mahatma explose loin de lui. Gandhi est convaincu qu'il s'agit de manoeuvres militaires. «Écoutez, écoutez! Ce sont des militaires qui font des exercices. Asseyez-vous et restez calmes, la prière continue», dit-il à la foule prise de panique.

Les policiers arrêtent Madanlal Pahwa, un des six complices de l'attentat. D.W. Mehra, directeur général adjoint de la police criminelle de New Delhi, prend lui-même l'enquête en main. Il demande à Gandhi l'autorisation de renforcer les mesures de sécurité à Birla House, car les acolytes du meurtrier pouvaient récidiver à l'improviste. Il suffirait d'augmenter la garde autour du Mahatma et de fouiller les fidèles avant la prière publique. Gandhi refuse catégoriquement :

*Je n'accepterai jamais. Fouillez-vous les fidèles qui vont prier dans un temple ou une chapelle? Râma est ma seule protection. S'il veut mettre fin à ma vie, nul ne pourra me sauver, dussiez-vous me faire garder par un million de vos hommes.*

D.W. Mehra doit se rendre à l'évidence : jamais il ne changera d'avis. Il propose alors à Gandhi d'être constamment à ses côtés pendant ses assemblées de prière, à titre personnel, et habillé en civil. Le Mahatma accepte.

Pendant ce temps, à environ douze cents kilomètres au sud-ouest de la capitale, dans la banlieue de Bombay, trois des comparses de l'attentat tiennent une réunion clandestine au quai de la petite gare de Thana. Godsé y prend la parole : « Nous avons échoué le 20 janvier parce que nous étions trop nombreux. Il n'y a qu'une façon de supprimer Gandhi : il faut qu'un seul de nous s'en charge. Ce sera moi. »

Pour les chefs de la police de New Delhi et de Poona — dans le district de Bombay —, les complices de l'attentat devaient être en train de fuir le plus loin possible. Ils n'imaginaient pas que les comparses de Pahwa puissent récidiver.

*Tout policier sensé aurait parié ce soir-là pour l'arrestation des complices dans les plus brefs délais. Cette enquête pourtant si bien commencée allait être menée d'une façon si incohérente, si surprenante, qu'elle continua près de trente ans plus tard à alimenter en Inde des controverses passionnées.* (Lapierre et Collins)

La dernière soirée de son existence, le Mahatma la passe à rédiger une nouvelle Constitution pour le Parti du Congrès. Elle deviendra son testament.

Comme à l'accoutumée, sa dernière journée avait débuté par une prière, à l'aube. «Ce matin du vendredi 30 janvier 1948, il avait choisi les deux premiers versets des dix-huit dialogues de le Bhagavad Gîtâ:

« *Car la mort est certaine pour ce qui naît*
*Et certaine la renaissance pour ce qui meurt.*
*Devant l'inéluctable, pourquoi t'apitoyer?* »

Gandhi arrive un peu en retard à sa réunion de prière. Une foule pieuse s'était massée sur les pelouses de Birla House pour voir son *darçan*. Un homme imposant, vêtu d'un uniforme kaki, fait alors un pas en avant; c'est Nathuram Godsé. Il s'adresse au Mahatma les mains jointes, selon la traditionnelle salutation hindoue. Sans se douter de rien, Gandhi avance vers lui dans le passage en saluant avec dévotion ses fidèles.

Gandhi est à deux mètres de Godsé quand celui-ci s'avance à son tour dans le couloir. Son revolver est caché entre ses mains jointes. Godsé s'incline avec révérence devant le saint homme. Manu, la petite-nièce de Gandhi, s'apprête à le relever, croyant qu'il voulait toucher les pieds du Mahatma. Godsé la repousse violemment en pointant son revolver sur Gandhi. Il tire trois coups de feu à bout portant; le Mahatma est atteint à la poitrine.

*Manu vit des taches rougir son khadi immaculé. «Hé Râm!» (Ô mon Dieu!), murmure Gandhi dans un souffle. Puis il s'affaissa lentement dans l'herbe, les paumes toujours serrées l'une contre l'autre dans cet ultime geste venu de son cœur — un geste d'offrande et de salut à l'adresse de son assassin.* (Lapierre et Collins)

À 18 heures, un communiqué radiophonique annonce au peuple de l'Inde la triste nouvelle de l'assassinat de Mohandas Karamchand Gandhi: «Le Mahatma Gandhi a été assassiné à New Delhi, cet après-midi à 17 h 17. Son assassin est un hindou.»

Heureusement que Nathuram Godsé est un hindou extrémiste, militant du R.S.S.S., car si l'assassin avait été un musulman, le pays aurait sombré dans une explosion de violence. L'Inde venait donc d'échapper à un massacre; il ne restait plus qu'à pleurer sa Grande Âme.

*Le Mahatma, une lumière éternelle*

La mort brutale de Gandhi laisse ses proches atterrés, bouleversés et désemparés. Le dernier vice-roi des Indes prend alors en main l'organisation des funérailles du Mahatma. Ce sera sa manière de rendre un ultime service à l'Inde.

Avec le temps, Lord Mountbatten s'était attaché à Gandhi. En répandant sur son corps des pétales de roses et des fleurs de jasmin, il se dit en lui-même: «Le Mahatma occupera dans l'Histoire de l'humanité une place aussi importante que le Christ et Bouddha.»

Gandhi avait commencé sa lutte pour l'indépendance de sa patrie par une *hartal*, une journée nationale de deuil. Un quart de siècle plus tard, l'Inde marque son passage vers l'au-delà dans le silence et le recueillement d'une autre *hartal*. Usines, bureaux, commerces, gares, tout est paralysé par une journée de deuil en son honneur.

De la terrasse de Birla House, la foule peut apercevoir la dépouille du Mahatma exposée au premier étage. Des milliers de personnes viennent de partout afin de prier et de voir le dernier *darçan* de l'apôtre de l'amour. Son véritable assassin, c'est la haine et l'intolérance religieuses.

Du monde entier affluent à New Delhi des télégrammes, des lettres et des messages de condoléances. Dans un discours radiophonique, la voix brisée de son vieil ami, Jawaharlal Nehru, s'adresse à l'Inde :

*La lumière s'est éteinte sur nos vies et tout n'est plus que ténèbres. Notre chef bien-aimé, celui que nous appelions Bapu, le Père de la nation, nous a quittés. J'ai dit que la lumière s'est éteinte, mais j'ai eu tort. La lumière qui a brillé sur ce pays n'était pas une lumière ordinaire. Dans un millier d'années, elle sera toujours éclatante. Le monde la verra, car elle apportera la consolation à tous les cœurs. Cette lumière représentait quelque chose de plus que le présent immédiat. Elle représentait la vie et les vérités éternelles, nous rappelant le droit chemin, nous protégeant de l'erreur, conduisant notre vieux pays vers la liberté.*

Le Premier ministre du nouvel État musulman, Ali Jinnah, envoie ce message de sympathie : « Il ne peut y avoir de controverse en face de sa mort, car Gandhi était l'un des plus grands hommes qu'ait jamais produits la communauté hindoue. »

Mais l'hommage le plus ardent lui est rendu par l'Inde elle-même dans un article paru dans le quotidien *Hindustan Standard* :

*Gandhi a été assassiné par son propre peuple pour la rédemption duquel il a vécu. Cette seconde crucifixion dans l'histoire du monde s'est déroulée un vendredi — le même jour que celui où Jésus a été mis à mort, mille neuf cent quinze années plus tôt. Père, pardonne-nous.*

Lord Mountbatten confère au cérémonial funéraire du Père de la nation un caractère national qui donne lieu à un rassemblement extraordinaire. Chargée sur une civière posée sur un véhicule militaire, la dépouille fleurie du Mahatma traverse les rues de la capitale pour offrir au peuple qu'il avait si ardemment servi et chéri un ultime *darçan*. Les obsèques de Gandhi surpassaient de loin ceux de tous les vice-rois.

*Les huit kilomètres du parcours jusqu'à la Yamuna étaient déjà jonchés d'un tapis de roses et de fleurs de jasmin. Sur les trottoirs, les chaussées, dans les arbres, aux fenêtres, sur les toits, au sommet des poteaux électriques, des centaines de milliers de personnes attendaient.* (Lapierre et Collins)

Selon la photographe Bourke-White qui assiste au cortège funéraire du Mahatma à New Delhi, c'est « la plus grande foule qui se soit sans doute jamais rassemblée sur la surface de la terre.» Un million de personnes, estime-t-elle. La civière prend ensuite la route du bûcher royal de Râjghât, érigé sur une des rives de la rivière Yamuna, au site sacré du *sangam*, près d'Allahabad. « Gandhi allait à jamais se fondre dans l'âme collective de son peuple comme une goutte d'eau au milieu de l'Océan.»

*La mort de Gandhi devait accomplir ce que sa vie n'avait pu réussir. Elle mit fin aux massacres religieux dans les villes et les villages de l'Inde.*
*Certes, les antagonismes demeureraient, mais ils prendraient la forme de conflits classiques que disputeraient des armées nationales sur les champs de bataille. Le meurtre de Birla House était l'ultime sacrifice de la guerre civile et religieuse qui ravageait les Indes depuis deux années.* (Lapierre et Collins)

À ses paroles, à ses actes et à ses attitudes, l'Inde mystique a su reconnaître en cet homme le génie d'un *Mahatma*, une Grande Âme. Sans conteste, Gandhi est l'un des personnages les plus remarquables de notre siècle. Même après sa mort, ses disciples continuèrent à le vénérer comme un saint.

De nos jours encore, les visiteurs qui se rendent au lieu sacré du *sangam* y trouvent une plate-forme de pierre noire, érigée à la mémoire de Mohandas Karamchand Gandhi. On

peut y lire — en hindi et en anglais — des paroles du Mahatma
qui résument bien l'essentiel de son message d'amour :

> J'aimerais que l'Inde soit assez libre et forte pour être capable de
> s'offrir en holocauste pour un monde meilleur. Chaque homme
> doit se sacrifier pour sa famille, celle-ci pour le village, le village
> pour le district, le district pour la nation, et la nation pour tous.
> Je souhaite l'avènement du Khudaï Râj, le « Royaume de Dieu »
> sur la Terre.

# Le défendeur des sans-voix

*Dom Helder Camara*
*(1909)*

# UN PAYS, UN HOMME

*« Je ne veux être que la voix de ceux qui ne
peuvent se faire entendre. »*

*« C'est devant Dieu et devant l'Histoire
une faute grave que de refuser de recons-
truire le monde. »*

Dom Helder Camara

Quel pays couvre presque la moitié de l'Amérique latine et
constitue un territoire quinze fois et demi plus grand que la
France et cinq fois et demi le Québec? Autre indice: en 1987,
on y dénombrait 142 millions d'habitants unis par une langue
commune, le portugais.

C'est au navigateur portugais Pedro Alvarez Cabral que
l'on attribue la découverte du Brésil en 1500. Il appela ce pays
du nom de *Terra de Santa Cruz*. Une poignée de colons portugais s'y étaient alors installés, au XVIe siècle; ils appelèrent ce
territoire *Braxil* (Brésil), du nom d'un arbre contenant une
substance rougeâtre.

Au début du XXe siècle, ce vaste territoire était foncièrement agricole. Les colons cultivaient la terre de façon rudimen-
taire comme le faisaient ceux du XVIe siècle. Les résultats
étaient misérables. Or, pendant que la majorité de la population subsistait de la terre dans des conditions inhumaines, une
poignée de riches propriétaires terriens vivait dans le faste et
le luxe. De nos jours encore, le problème du Brésil est l'oligar-

chie, c'est-à-dire un régime politique dans lequel la domination absolue du pays appartient à une minorité riche et privilégiée.

Dans les années 30, de jeunes lieutenants de l'armée nationale amorçaient une réforme dans le but de «secouer un peu les oligarchies et de trouver des chemins nouveaux»: c'était le *mouvement des lieutenants*. Leur objectif était de poursuivre le changement des structures injustes dénoncées par les révoltes de 1924. En fait, les années trente ont connu une triple révolution: politique, religieuse, culturelle.

Au niveau politique, en 1930, débutait la présidence de Getulio Vargas. Sept ans plus tard, il réussissait un coup d'État pour s'octroyer les pleins pouvoirs qu'il garda jusqu'en 1945; il fut réélu président de 1951 à 1954, année de son suicide. «Aimable dictateur», Vargas a donné au peuple brésilien la première législation du travail destinée à protéger les travailleurs ruraux de l'exploitation des puissants propriétaires terriens; de plus, il a légalisé et organisé les syndicats.

Malgré les bonnes intentions de Vargas et du mouvement des lieutenants, la révolution politique ne donna pas les résultats attendus. Au lieu d'implanter des structures plus justes, la réforme n'amena qu'un changement parmi les riches seigneurs. «La seule différence, c'était la couleur du drapeau, les noms des partis», commenta Dom Helder.

La révolution culturelle précéda la révolution politique. En 1922, de jeunes artistes et écrivains organisèrent la Semaine d'art moderne. Les «modernistes» — comme on les appelait alors — avaient pour but commun de dénoncer une littérature aliénée parce que séparée des réalités du peuple. Ils voulaient exprimer l'originalité de la mentalité brésilienne, en favorisant la langue portugaise parlée au Brésil. Une nouvelle littérature vit alors le jour, littérature plus proche de la vie populaire.

Au même moment, l'implantation de l'Action catholique (mouvement religieux français) amorçait une révolution religieuse. Avec ses quatre branches — hommes, femmes, jeunes garçons et jeunes filles – l'Action catholique conduisait les autorités religieuses à faire une plus grande place aux laïcs. Sans aller aussi loin que le Concile Vatican II, ce mouvement contribua à l'éveil des consciences en éduquant les laïcs à l'analyse des situations. Il s'agissait de lire des événements politiques, économiques ou familiaux à la lumière des Évangiles.

En dépit de la triple révolution des années trente, le bilan des cinq derniers siècles n'est pas très reluisant pour le Brésil car il n'y a jamais eu de révolution en profondeur. Quand, le 7 septembre 1822, le Brésil accéda à son indépendance, c'est le fils du roi du Portugal qui devint leur empereur! Puis ce fut le passage de l'Empire à la République, de la République à la dictature militaire, de celle-ci à une nouvelle République...

*Un groupe de l'élite prend la place d'un autre groupe de l'élite. Ce sont toujours les privilégiés qui, d'une manière ou d'une autre, se maintiennent au pouvoir. Jamais on ne pense au peuple qui n'a rien à voir dans ces «révolutions»*, expliqua Dom Helder.

Dans ce contexte de pseudorévolution, des laïcs, des religieux, des prêtres et des évêques se levèrent pour défendre le peuple opprimé. Ils firent alors un rêve commun, celui de voir un jour les Brésiliens prendre en main leur destinée politique et économique, sans s'inquiéter de savoir quel sera le prochain empire. «Quand on rêve tout seul, ce n'est qu'un rêve. Quand on rêve ensemble, c'est déjà la réalité», dit une chanson brésilienne. «L'utopie partagée, voilà le ressort de l'histoire», affirme un prophète.

Ce prophète de petite taille, qui dort très peu et mange à peine plus qu'un oiseau, c'est Dom Helder Camara. «Cet apôtre est habité par un feu intérieur. Il ne s'appartient plus; sa vie est donnée [...] Il est un homme de Dieu», dit le Père Congar. Et un homme d'Église, devrait-on ajouter: «J'aime profondément ma mère l'Église [...] Sans Église, il n'y aurait pas de Dom

Helder. Je ne serais ni évêque, ni prêtre, ni même chrétien.»
Jean Toulat affirme:

> *Dom Helder a reçu le charisme de la communication. Il est à la fois orateur, comédien, poète, avec le sens du geste, de la parabole, de l'humour, le tout enveloppé de la gentillesse brésilienne: autant d'atouts pour proclamer sur les toits les convictions qui l'habitent et qui répondent aux aspirations de notre temps.*

Celui que le gouvernement du Brésil et les riches seigneurs surnomment «l'archevêque rouge», c'est-à-dire le communiste, porte la soutane et une croix pectorale en bois comme un traditionaliste! Le seul temps où il porte l'anneau pastoral offert par le pape Paul VI aux Pères conciliaires, c'est lorsqu'il célèbre l'eucharistie. Il n'a même pas de voiture.

> *Plus que la pauvreté et l'ascèse, c'est la simplicité qui frappe chez Dom Helder. Avec lui, la communication s'établit sans détour [...] Une foi simple, totale, libre, nourrit une indéfectible espérance.*
>
> *Il est toujours troublant de rencontrer un homme ainsi habité par la foi, qui ne croit pas seulement que Dieu est vivant et présent mais qui le vit [...] L'écouter ou le lire, c'est écouter ou lire ce qu'autrefois on appelait l'Histoire sainte: l'histoire d'une création et d'une libération que l'homme a reçu de Dieu le soin d'achever. L'écouter ou le lire, c'est se risquer à regarder notre monde, d'aujourd'hui et de demain, avec le regard même du Dieu des croyants.* (De Broucker)

## Une famille du peuple

Helder Pessõa Camara est né le 7 février 1909, dans la ville de Fortaleza, au Brésil. Fortaleza, qui signifie «Forteresse», est encore aujourd'hui la capitale du Ceará, état du Nordeste. Ce dernier est marqué par des précipitations très irrégulières: des pluies diluviennes font place à des sécheresses pouvant durer des mois.

En ce début du siècle, la capitale du Ceará était privée d'électricité, de gaz, d'eau courante et d'égoûts. «Mes parents ont eu treize enfants. Mais nous ne sommes restés que huit, cinq étant morts en bas âge, emportés par une épidémie de croup en vingt-neuf jours.» De famille pauvre, les parents de Dom Helder devaient tous les deux travailler.

Sa mère était institutrice de l'enseignement public. À cette époque, étudier était un privilège, car l'État n'avait pas d'argent pour construire de nouveaux établissements scolaires afin de répondre aux besoins d'une population croissante; il ouvrait donc des écoles publiques dans les maisons privées. «C'était ainsi chez nous, disait Dom Helder. Ma mère recevait son salaire d'institutrice et en plus une allocation pour payer une partie du loyer de notre maison, où elle faisait la classe.»

Camara est aujourd'hui reconnaissant à sa mère de lui avoir enseigné «le portugais, les premières notions de mathématiques, la géographie, l'histoire et des leçons de vie.» Il avait cinq ans lorsque sa mère lui a donné cette leçon de vie, à une époque où tout était péché, particulièrement le sexe:

*Un jour, elle me montrait son visage et me disait: «Mon fils! Tu rencontreras beaucoup de gens qui te diront que ceci est créé par Dieu, et que cela — elle me montrait le buste — on ne sait pas, et que pour le reste — son geste descendait jusqu'aux pieds — c'est le diable. Non, mon fils! De la tête aux pieds, tout a été créé par Dieu!»*

Elle lui a aussi enseigné le pardon, l'amour et la tolérance. Sa mère voyait la cause du mal dans la faiblesse humaine. Elle disait à son fils: «Quand une personne semble mauvaise, si on s'en approche, si on s'efforce de la connaître par le dedans, on finit par découvrir de la faiblesse.»

Son père était employé à l'entreprise Boris Frères; il travaillait aux écritures. Les deux salaires de ses parents couvraient à peine le nécessaire. La famille ne se permettait donc aucun luxe. Sa mère réunissait souvent la famille: «Voilà, il faut supprimer quelque chose.» «Une fois, c'était le beurre, une autre fois, c'était le dessert», expliquera Dom Helder.

Son père était aussi critique de théâtre. Quand il lui arrivait d'avoir des billets gratuits, le jeune Helder l'accompagnait. Son père était un homme pieux, membre de la franc-maçonnerie; son choix relevait d'une position anticléricale et non pas antireligieuse. Il réagissait contre certains abus de l'Église et contre ses ingérences dans le domaine politique. «Dans la maison, il y avait un petit sanctuaire de famille en bois, un grand crucifix... Il y avait la Vierge, et saint François d'Assise.»

Dès sa tendre enfance, Helder avait voulu être prêtre. Un jour, son père avait confronté son fils aux exigences de son choix:

— *Sais-tu vraiment ce que signifie être prêtre? être prêtre et être égoïste, c'est impossible [...] Les mains qui touchent directement le Christ ne peuvent être salies par l'avarice. Le prêtre doit être un homme aux mains ouvertes, au service des autres [...]*
*Quand son père arriva à la fin de sa description du prêtre, le jeune Helder répondit:*
— *Père, c'est exactement un prêtre comme vous dites que je veux être!*
— *Alors, mon fils, que Dieu te bénisse... Nous n'avons pas beaucoup d'argent, mais quand même, nous allons examiner comment nous pourrons t'aider à entrer au séminaire.*

Soixante-dix ans plus tard, Dom Helder avouera que c'est ce souvenir qu'il garde de son père: «Un homme droit, généreux et juste. Il m'a appris qu'il est possible d'être bon, même si on ne va pas à la messe. Plus tard, je constatai qu'on peut fort bien être catholique pratiquant sans cesser d'être égoïste.»

Un des frères de Dom Helder, Gilbert, était critique littéraire. «Il a éveillé et nourri mon goût pour les lettres. Il m'a aussi fait connaître et apprécier ce qu'il y avait de nouveau.» Son frère l'a initié à la littérature, brésilienne et française. Le français était à l'époque la langue qui dominait au Brésil. Dans l'ensemble, l'Amérique latine se sentait très proche, dans ses affinités, des pays latins, dont la France.

*Les familles qui jouissaient d'une certaine aisance consommaient toujours des produits français. Par exemple, quand ils voulaient boire de l'eau minérale, c'était Vichy. Quand ils voulaient du champagne, c'était la Veuve Cliquot! [...] Mais la grande puissance, l'empire du moment, c'était bien la Grande-Bretagne. La reine de la mer. Elle contrôlait nos chemins de fer, la Northwest, et nos exportations.* (De Broucker)

Dom Helder a grandi ainsi dans un environnement francophone et francophile, et dans un climat littéraire. Un de ses oncles, Carlos Camara, était dramaturge et metteur en scène de ses propres pièces. Dès son jeune âge, Helder aimait assister aux répétitions théâtrales et «sentir la création». Est-ce dans ce contexte littéraire — au sens large — qu'il a développé le don de communication dont il a fait preuve tout au long de son existence? Probablement.

## Le séminaire

Helder entre au séminaire à quatorze ans; pour l'époque, il est assez âgé! Selon la promesse de son père, ses parents défraient la moitié des coûts de sa pension; l'autre partie est payée par l'œuvre des vocations.

Élève brillant et studieux, il se fait remarquer en lettres et en latin, et par son indiscipline! Helder se révolte facilement contre certains règlements insignifiants à ses yeux, tel le silence absolu dans les longs couloirs. Cela lui vaut des mauvaises notes de conduite qui l'empêchent d'être admis aux Enfants de

Marie; il n'entrera dans ce groupe qu'au grand séminaire. De plus, il perd son droit de retourner au foyer familial une fois par mois.

Au petit séminaire, son premier recteur est Guilherme Vassem, un Hollandais. À son départ pour les missions, Helder est chargé d'adresser le mot d'adieu au nom des séminaristes : «Partez, Père, vos fils vous regardent, comme les fils des Croisés regardèrent leur père partir [...] Nous serons avec vous par le cœur.»

Le second recteur est un Français, Tobie Dequidt. Cette rencontre va marquer la «vie littéraire» de Dom Helder, car tous les deux sont poètes et brûlent d'une même passion pour la littérature française. «Il m'avait chargé d'ouvrir ses livres, de les découper, et il me permettait de les lire.» Dom Helder a toujours eu du respect pour cet homme qui, bien avant le Concile, dialoguait avec les séminaristes et savait reconnaître ses torts.

Au séminaire, les résidants sont «protégés» du monde et éduqués à un cléricalisme exagéré, ce qui était courant à l'époque. Tout devait être fait par les prêtres, ou du moins contrôlé par eux. Les laïcs étaient relégués au simple rôle d'assistants lors de la messe et de la prière. Si leur collaboration était demandée, par exemple pour organiser une procession, ils n'avaient aucun pouvoir réel de décision.

*C'est curieux : dans ce temps-là, nous, les séminaristes, nous pensions qu'il était parfaitement normal de nous préparer à nous mettre au service du peuple en nous gardant hors du peuple pendant des années et des années. Onze, douze, treize ans...*
(De Broucker)

Pour Dom Helder, une telle éducation rendait difficile aux futurs prêtres la prise en charge et l'exercice de leur liberté. «Nous sortions du séminaire plutôt orgueilleux», car l'étude du latin, de la littérature, de la philosophie et de la théologie les convainquait de leur supériorité sur les autres étudiants.

De plus, les séminaristes étaient très mal préparés pour la pastorale, c'est-à-dire pour le service du peuple. «Nous avions reçu la marque de la Contre-Réforme.» Ils savaient réfuter les erreurs et flairer toutes les hérésies, mais leur langage et leurs préoccupations étaient très éloignés de la vie réelle du peuple:

*Face aux simples, aux humbles, aux plus petits, nous étions – et nous sommes toujours – des étrangers. Nous tous. Nous devons apprendre le langage des hommes. Et pas seulement le langage: la manière de penser aussi. Nous sortions du séminaire avec une tête trop logique... Ce n'est pas comme ça que les hommes pensent. L'impact avec la réalité nous a secoués,* dit Camara.

À la sortie du séminaire, l'idée sociale de Dom Helder était simple, voire même simpliste. Le monde se divisait en deux camps opposés: le communisme et le capitalisme. Évidemment, la faction des méchants et la source de tous les maux sociaux, c'était le communisme. «Il nous était surtout présenté comme voulant la mort, l'écrasement de la religion et, ce qui était pareil, la mort et l'écrasement de la propriété privée.» Le capitalisme, par contre, apparaissait comme le défenseur de l'Ordre chrétien.

Il faudra plusieurs années de recul pour que Camara réalise que le capitalisme et le communisme se ressemblent fondamentalement, car tous deux mettent le profit au-dessus de l'être humain. En ce sens, les deux systèmes sont «intrinsèquement mauvais».

*Erreurs d'un jeune prêtre*

Dom Helder est ordonné prêtre le 15 août 1931, à la fête de l'Assomption de Marie. Il a alors 22 ans et demi. En plus d'avoir la responsabilité d'une chapelle, il est nommé par l'archevêque de Fortaleza aumônier des intellectuels et des travailleurs de cette capitale. Avec deux lieutenants, il crée la Légion du travail afin de défendre les travailleurs de l'État du

Ceará contre l'exploitation des puissants seigneurs qui, par exemple, fixaient les salaires très bas. «Nous étions même assez forts pour imaginer et entreprendre des grèves», affirme Camara.

Deux ans après son ordination naît le mouvement de l'Action intégraliste. «C'était en quelque sorte la traduction brésilienne du fascisme de Mussolini, de l'hitlérisme, et surtout du corporatisme de Salazar», expliquera-t-il. Ce mouvement veut intégrer les différentes régions du Brésil, avec le désir de combattre le communisme. Le slogan de l'Intégralisme est clamé partout: «Dieu, patrie, famille».

Le plus naturellement du monde, Dom Helder prend le parti de cette prétendue spiritualité. Le chef du mouvement au Ceará lui demande alors d'être le secrétaire pour l'éducation de l'Action intégraliste de son État. Avec la bénédiction de son archevêque, il accepte cette fonction. «Je suis sûr que beaucoup de jeunes et de travailleurs vont rejoindre ce mouvement. Vous serez là pour les aider», dit son cardinal. Un demi siècle plus tard, il avouera:

*L'héritage de l'Intégralisme me paraît bien triste. Ce qu'il pouvait y avoir de positif, c'est-à-dire le souci de comprendre le peuple et de se faire comprendre de lui, d'éveiller sa conscience, de parler de Dieu, des valeurs profondes, tout cela a disparu.*

L'Église est préoccupée par les élections qui doivent avoir lieu en 1934. Le cardinal Leme crée alors la Ligue électorale catholique. Cette ligue n'est pas un parti; elle propose aux candidats un programme basé sur certains principes religieux. Par exemple, les candidats doivent s'engager à ne pas légaliser le divorce, à garantir l'enseignement religieux facultatif dans les écoles. «Tout cela traduisait surtout une préoccupation moraliste, et aussi la préoccupation d'une présence de l'Église dans les institutions», analysera plus tard Camara.

L'archevêque de Fortaleza demande alors à Dom Helder de parcourir le Ceará, de ville en ville et de village en village, pour soutenir les candidats qui adhèrent à la Ligue électorale catholique.

*Il ne s'agissait pas de parler des grands problèmes du peuple. Il ne s'agissait même pas d'expliquer les grands principes mis en avant par l'Église en vue de la prochaine constitution. La seule chose importante était de dire au peuple: «Voici nos candidats, pour lesquels vous devez voter.» Le résultat a été que tous les candidats de l'Église, et seulement les candidats de l'Église, ont été élus au Ceará.* (De Broucker)

Cette incursion dans le domaine politique est décevante pour Dom Helder car, une fois les élections terminées, plusieurs candidats se sont estimés quittes devant l'Église et n'ont pas tenu leurs promesses.

En 1936, à l'âge de 27 ans, il démissionne de son poste de secrétaire pour l'éducation de l'Action intégraliste. Il est alors demandé à Rio de Janeiro comme technicien au ministère fédéral de l'Éducation. Il demeurera vingt-huit ans à Rio, capitale de l'État de Guanabara.

Après avoir reçu Dom Helder dans ses nouvelles fonctions, le cardinal Leme lui demande d'abandonner complètement l'Intégralisme, ce qu'il fait avec plaisir. Il se retrouve chef de la Section des mesures et des programmes, au fédéral. Sa tâche consiste alors à préparer des tests d'intelligence et de niveau pour les cent cinquante mille élèves qui fréquentent les écoles primaires publiques de Rio de Janeiro. «J'étais alors bien à l'aise dans cette approche superficielle de la pédagogie», dit-il.

Cependant, il considère que sa fonction peut aisément être assumée par des laïcs. Mais il lui faudra attendre la mort du cardinal Leme, en 1943, pour que son successeur, le cardinal Jaime de Barros Camara — avec qui Dom Helder n'a aucun lien de parenté — le délivre de l'univers bureaucratique et lui permette de se consacrer à des tâches plus spécifiquement sacerdotales. Le gouvernement demande alors à Dom Helder d'être membre du Conseil supérieur de l'Éducation. C'est en fait une mission honorifique. Entre temps, il a été reçu «technicien en éducation», suite à un concours organisé par le ministère de l'Éducation.

«Heureusement le Seigneur, patiemment, préparait le chemin. C'est durant cette même période que je me plongeais dans les *favelas* de Rio de Janeiro et que je rencontrais la misère.» Cette rencontre avec la pauvreté des favelas (mot typiquement brésilien pour désigner les bidonvilles) est déterminante pour l'avenir de Dom Helder. Par ailleurs, la formation à l'analyse des situations — qu'il a reçue de l'Action catholique — est aussi déterminante pour son existence.

En 1946, à la demande du cardinal Barros Camara, Dom Helder organise une Semaine nationale d'étude de l'Action catholique. Il se passionne alors pour le mouvement. L'année suivante, il est nommé vice-aumônier général de l'Action catholique, l'aumônier général étant son cardinal.

Avec la création de l'Action catholique spécialisée, Dom Helder plonge au cœur du monde étudiant, du monde ouvrier, du monde paysan, du milieu intellectuel... Il est l'un des premiers à implanter la JOC (Jeunesse ouvrière catholique) dans la capitale, en 1948. Il s'agit d'appliquer avec rigueur la devise de son fondateur, l'abbé Cardijn: «Voir, juger, agir».

*Cela n'allait évidemment pas sans problème. À partir du moment où les groupes privilégiés qui exploitent le peuple se sentent découverts, la rumeur, puis l'accusation commence à se répandre: «Mais vous changez la religion! L'Église a toujours été notre amie. Mais voilà que, maintenant, vous dressez l'Église contre nous! Vous prêchez la haine contre les riches!»* (De Broucker)

*Pèlerinage au Vatican*

1950, c'est l'Année sainte. Le cardinal Barros Camara nomme Dom Helder secrétaire général de l'Année sainte pour tout le Brésil. Il doit donc organiser et faciliter des pèlerinages et des manifestations de la foi un peu partout dans le pays.

À cette époque, l'Église et le gouvernement s'entendent assez bien. Ce dernier met à la disposition de Dom Helder un navire de guerre — d'une capacité de huit cents places — afin de faciliter le pèlerinage à Rome.

Malgré les prix ridiculement bas, il n'y a que deux cent cinquante inscriptions, vingt-cinq jours avant le départ. Dom Helder dit alors «oui» à tous les retardataires qui s'inscrivent à la dernière minute. De deux cent cinquante, le nombre d'inscrits passe à mille trois cent cinquante! Il se sent incapable de refuser les pèlerins, car il sait que c'est pour eux la chance de leur vie d'aller en Europe et à Rome.

Au moment du départ de Rio de Janeiro, le navire de transport emporte déjà plus de huit cents passagers. Deux escales sont prévues à Salvador de Bahia et à Recife afin de permettre à d'autres pèlerins d'embarquer. Il se produit alors un mouvement de protestation: «Nous ne voulons pas, nous ne permettons pas que le bateau touche Salvador ni Recife. Nous devons mettre le cap directement sur l'Europe!» Dom Helder convoque tout le monde sur le pont:

*Mes amis! Il faut reconnaître les signes de Dieu! Nous, nous nous sommes préparés pour un soi-disant pèlerinage: en fait, nous avions plutôt pensé à un voyage, peut-être même à du tourisme. Maintenant, il nous faut profiter de la grâce du Seigneur [...] Il faut transformer notre projet de voyage ou de tourisme en un vrai pèlerinage, en quelque chose de fort.*

Il propose alors aux pèlerins qui voudraient débarquer à Salvador et à Recife de le faire; là, ils seront remboursés et transportés à Rio. «Mais je vous en supplie, ceux qui choisiront de rester sur le bateau, qu'ils soient vraiment disposés et résolus à accueillir comme des frères les autres pèlerins; ils sont cinq cents!», dit Dom Helder. Malgré une traversée qui s'annonce remplie de sacrifices (lits inconfortables, manque de nourriture, etc.), personne ne débarque!

*Tout le monde a été d'accord pour faire le pèlerinage comme le Seigneur nous proposait de le faire. Nous nous sommes organisés. Nous avons réglé tout un système d'animation, avec des distractions, des chants, des causeries spirituelles.* (Toulat)

Après la prédication improvisée au port de Rio de Janeiro, cinq femmes sont venues trouver Dom Helder : « Nous sommes des prostituées [...] Nous avions prévu de profiter du voyage pour travailler [...] Mais nous vous avons écouté. Soyez tranquille : aucun homme n'obtiendra rien de nous durant le pèlerinage. »

Après une escale à Naples, les pèlerins se rendent en autocar à Rome. Mais Dom Helder ne peut revenir avec le groupe en bateau tel que prévu ; son cardinal lui a demandé de rentrer plus tôt au pays. Il revient alors en avion.

Mgr Pignedoli, secrétaire mondial de l'Année sainte, avait invité Dom Helder à revenir dans la ville sainte, à la fin de l'année, pour une réunion de tous les secrétaires nationaux. Il revient donc à Rome en décembre 1950, mandaté aussi pour préparer la contribution brésilienne au premier Congrès mondial des laïcs.

*Le programme comportait un certain nombre de thèmes. Nous avons préparé un document sur chacun de ces thèmes, et je me rappelle que tous les documents se terminaient par la même conclusion : «Tout cela restera sans effet, impossible, tant qu'il n'y aura pas une Conférence nationale des évêques du Brésil. »* (De Broucker)

Mgr Chiarlo, nonce au Brésil, avait préparé une rencontre entre Mgr Montini — alors Secrétaire d'État du Vatican — et Dom Helder afin que ce dernier lui présente l'idée d'un Conférence nationale des évêques brésiliens. La rencontre avec le futur Paul VI a lieu le 21 décembre 1950, à une heure de l'après-midi.

Mgr Montini met à l'épreuve son interlocuteur car, même s'il est convaincu de la nécessité de créer la Conférence en question, il sait que Dom Helder en serait le secrétaire, et il lui fait remarquer qu'il n'est pas évêque. Est-ce une astuce pour accéder à l'épiscopat? Dom Helder lui répond:

— Pourquoi ne pourrais-je pas, sans être évêque, servir aussi le Christ et son Église, en étant le lien d'un petit groupe d'évêques, dans un petit coin du monde?

— Je vous promets que d'ici deux mois, la Conférence des évêques du Brésil sera créée, dit Mgr Montini.

Il avait saisi que Dom Helder n'entretenait aucune arrière-pensée. Une amitié durable était née.

L'idée d'une Conférence nationale des évêques avait surgi d'une constatation d'urgence: le nombre de diocèses augmentait au fil des ans au Brésil. «Or, quand un prêtre est nommé évêque et chargé d'un diocèse, il doit immédiatement faire face à toutes sortes de problèmes très divers et très complexes. Il n'y a personne pour l'aider», dit Dom Helder. Alors est créée, en 1951, la Conférence des évêques du Brésil afin de soutenir dans leurs tâches les nouvellement nommés. Le cardinal Motta en est le premier président élu, et Dom Helder, le secrétaire général. Il occupera cette fonction de 1952 à 1964, c'est-à-dire jusqu'au jour où il sera nommé évêque du diocèse d'Olinda et de Recife.

D'une part, la Conférence nationale a aidé les évêques à identifier et à comprendre les grands problèmes humains de leur milieu. D'autre part, la réussite de cette expérience a servi de préparation à une Conférence continentale des évêques. On a alors créé un secrétariat au service des évêques d'Amérique latine.

## Le Congrès eucharistique international

Dès le début des années cinquante, Dom Helder passe d'une vision intégraliste — souhaitant soumettre le pouvoir temporel au pouvoir spirituel — à une conception où les deux pouvoirs sont «complémentaires et co-responsables du gouvernement de la terre.» Les relations entre l'Église et l'État étaient, à cette époque, très bonnes. L'Église jouissait même d'un prestige politique.

*Nous étions aveuglés par le besoin de maintenir, de soutenir, d'offrir un support à l'autorité et à l'ordre social (...) Nous ne percevions pas que travailler la main dans la main avec le gouvernement constituait une approbation de l'ordre établi et une approbation indirecte des injustices perpétrées par cet ordre.* (De Broucker)

Dans cette perspective de coopération entre l'Église et l'État, le président élu au Brésil en 1951, Vargas, nomme un représentant du gouvernement chargé d'«assurer le concours de tout l'appareil d'État à la préparation du Congrès eucharistique international, en 1954-1955. Ainsi, toutes les portes nous étaient ouvertes, toutes les facilités nous étaient offertes», explique Dom Helder.

Il est nommé secrétaire général du Congrès eucharistique pour le Brésil. En 1952, Dom Helder est sacré évêque; il a quarante-trois ans. Trois ans plus tard, au mois d'avril, il sera nommé auxiliaire du cardinal Barros Camara.

Le responsable mondial du Congrès eucharistique n'est nul autre que Mgr Montini. De Rome, il suit les préparatifs du Congrès grâce aux rapports réguliers des responsables de chaque pays. Voyant que tout va pour le mieux à Rio de Janeiro, il envoie cette lettre à Dom Helder:

*Est-ce que la préparation du Congrès eucharistique est assez avancée pour que l'on puisse penser convoquer à Rio de Janeiro,*

*à la fin du Congrès, comme fruit du Congrès, une première*
*assemblée latino-américaine des évêques qui pourrait, éventuel-*
*lement, être le début d'une Conférence épiscopale latino-améri-*
*caine?*

À la suite de ce message, Dom Helder passe à son frère,
Dom Távora, la responsabilité de terminer les préparatifs du
Congrès. Ainsi, il a plus de temps à consacrer à l'assemblée des
évêques du continent américain. Cette assemblée donnera
naissance au CELAM, le Conseil épiscopal latino-américain.

Le gouvernement et l'Église savent que le Congrès eucharistique va attirer des foules immenses à Rio de Janeiro. «Comment les accueillir dans une ville resserrée entre ses collines?»
se demande Dom Helder. Il pense alors construire une esplanade sur la mer. Cette idée lui vient en prenant connaissance
d'un projet gouvernemental qui visait à agrandir la ville en
remblayant une partie de la baie de Rio. Réalisé à temps, ce
projet pourrait aussi servir le Congrès!

Grâce au représentant gouvernemental qui facilite les préparatifs, grâce aussi à une équipe de collaborateurs et de
bénévoles, le projet de remblayer une partie de la baie est
réalisé à temps. Le trente-sixième Congrès eucharistique international a lieu comme prévu en 1955. «La manifestation fut
éclatante, avec un faste, un spectacle haut en couleurs, comme
l'aiment tant les Cariocas, les habitants de Rio», dit Camara.
600 000 fidèles assistent à la messe de clôture, dont cinq cents
évêques brésiliens.

Évidemment, un tel Congrès a coûté cher! À ceux qui
pourraient reprocher à Dom Helder une certaine folie des
grandeurs, il explique:

*Je distingue nettement ce qui touche à ma petite personne et ce*
*qui peut servir à la gloire du Christ. Je raisonne comme le curé*
*d'Ars, très austère pour lui-même, mais généreux sans compter*
*quand il s'agissait de glorifier le Seigneur. De cette même pensée*
*sont nés les Congrès eucharistiques. Puisque le Fils de Dieu a*

*voulu disparaître, se mettre absolument sous la dépendance de nous, les hommes, l'idée me plaît d'un congrès où par nous, les hommes, le Christ sera glorifié.*

Le Congrès eucharistique avait pour thème: «Le Christ Rédempteur et son règne social.» Par là, le Congrès voulait ouvrir les yeux de tous les chrétiens de la terre afin qu'ils rencontrent le Seigneur, non seulement dans l'eucharistie, mais aussi dans leurs frères, les pauvres. Le Christ vivant dans les miséreux, c'est aussi une eucharistie, une présence du Seigneur.

Un jour, une délégation affolée vient trouver Dom Helder chez lui: «Un voleur a réussi à pénétrer dans telle église. Il a ouvert le tabernacle. Comme il ne s'intéressait qu'au ciboire, il a jeté les hosties par terre, dans la boue... Vous entendez: Le Seigneur vivant dans la boue!» Il réunit alors tout le monde pour une cérémonie de réparation. Lors de l'eucharistie, il dit à la foule:

*Seigneur, au nom de mon frère le voleur, je te demande pardon. Il ne savait pas ce qu'il faisait. Il ne savait pas que tu es vraiment présent et vivant dans l'eucharistie. Ce qu'il a fait nous touche profondément. Mais mes amis, mes frères, ce pauvre voleur a jeté les hosties, le Christ eucharistique, dans la boue, mais dans la boue vit le Christ tous les jours, chez nous, au Nordeste! Il nous faut ouvrir les yeux!*
*L'hommage adressé à l'eucharistie sonnerait faux s'il ne s'accompagnait de l'hommage rendu à Jésus vivant en tout homme, particulièrement dans les pauvres.*

## L'histoire d'une conversion

Une fois le Congrès eucharistique international terminé, l'archevêque de Lyon rencontre Dom Helder. Après l'avoir félicité pour son talent d'organisateur, le cardinal Gerlier lui fait une proposition pour le moins inusitée:

*Pourquoi, mon frère Dom Helder, ne mettez-vous pas tout ce talent d'organisateur que le Seigneur vous a donné au service des pauvres? Vous devez savoir que Rio de Janeiro est une des villes les plus belles du monde. Mais elle est aussi une des villes les plus affreuses, parce que toutes ces favelas, dans ce cadre de beauté, sont une insulte au Créateur.*

Cette rencontre est décisive pour Dom Helder. «La grâce du Seigneur m'est venue par la présence du cardinal Gerlier [...] J'étais jeté à bas du cheval, comme Saül sur la route de Damas.» Il se lève et baise alors les mains du cardinal:

*C'est un tournant dans ma vie! Vous verrez, je me consacrerai aux pauvres. Je ne suis pas tellement convaincu d'avoir des capacités d'organisateur exceptionnelles, mais tout ce que le Seigneur m'a confié, je le mettrai au service des pauvres.*

Dom Helder va raconter à son archevêque les propos du cardinal Gerlier ainsi que son désir de servir les pauvres. Il lui demande tout le bois utilisé pour construire l'esplanade sur la mer afin de le donner aux *favelados* (habitants des favelas) de Rio de Janeiro. «Je continuerai à vous apporter toute la collaboration que vous voudrez bien attendre de moi, mais permettez-moi de me consacrer d'une manière toute spéciale à tous ceux qui vivent dans ces taudis», demande-t-il à Mgr Camara.

Son cardinal accepte de bon cœur. Dom Helder réunit alors quelques fidèles et de généreux collaborateurs du Congrès et, ensemble, ils fondent la Croisade de saint Sébastien – patron de Rio de Janeiro. En plus de distribuer tout le bois aux sans-abri, ils s'occupent de conscientiser l'opinion publique sur la situation des favelados.

*Pour le Carioca moyen, les habitants des favelas étaient des malendros, de mauvaises gens, paresseux, vicieux. Par la radio, la télévision, la presse, j'ai essayé de faire admettre que les malendros ne sont pas le monopole des favelas et que les favelados, en général, sont pacifiques et travailleurs. Mais les conditions inhumaines dans lesquelles ils vivent sont un péché collectif dont nous sommes tous coupables.* (Toulat)

S'étant rendu compte que le nombre de bidonvilles entourant la capitale avait à peine diminué, Dom Helder décide de rencontrer le président Kubitschek. Il lui raconte l'histoire de sa conversion et sa décision de servir les *favelados* de Rio de Janeiro.

— Comment pourrais-je vous aider? demande le président.

— J'ai une idée, une suggestion à vous présenter, reprit Dom Helder. Après avoir vu construire l'esplanade sur la mer pour le Congrès eucharistique, je me suis rendu compte que l'on pourrait faire la même chose en d'autres points de la baie. Mais cette fois, je serai autorisé par vous à vendre ces terrains conquis sur la mer et, avec cet argent, je pourrai reloger les habitants des favelas.

— Remarquable! C'est décidé. Ayez la bonté de préparer le décret! Je le signerai le plus tôt possible.

Ainsi débute le relogement des sans-abri. Dom Helder commence par l'un des pires bidonvilles de Rio de Janeiro. Une fois les habitations neuves terminées et les gens relogés, il veut détruire les taudis des anciens occupants pour éviter que de nouveaux venus prennent leur place et grossissent ainsi les favelas. «Nous désirions vraiment effacer de la carte cette insulte au Créateur.»

*Notre plan était remarquable. Malheureusement, la petite politique politicienne et partisane s'en est mêlée. Nous étions en période électorale. Chaque fois qu'une famille était arrachée à la favela, il y avait un homme politique pour faire venir à sa place deux, trois, quatre familles: «Installez-vous là et après, vous verrez, Dom Helder vous construira un appartement!»*
(De Broucker)

Cette politique partisane a pour conséquence que la population des favelas double au lieu de s'amenuiser ou de disparaître. En ce sens, c'est un échec cuisant. Mais les politiciens de Rio ont ouvert les yeux sur les problèmes humains des sans-logis; ils décident effectivement de s'en occuper. Ainsi, la Croisade de saint Sébastien a, d'une certaine façon, «fait exister» les favelas car auparavant, le problème n'existait tout simplement pas!

À la même époque, le gouverneur de l'État de Guanabara, Carlos Lacerda, attire l'attention sur les causes des favelas. Pour lui, la source du problème réside dans l'exode des campagnes. Pour régler le problème des favelas, il faut donc s'attaquer de front à sa cause, en mettant de l'avant de véritables réformes agraires. Dom Helder partage le point de vue de Lacerda, car il sait que dans le Nordeste l'agriculture industrielle déloge de plus en plus de pauvres paysans.

*Aujourd'hui, on voit les grandes compagnies s'installer dans le milieu rural. Elles arrivent, et elles font alliance avec les groupes privilégiés locaux. Alors les travailleurs ruraux doivent partir, chassés par les nouveaux modes d'élevage ou de culture. Ils étaient établis là depuis des dizaines d'années, avec leurs familles, mais souvent sans titres, sans documents, sans papiers [...]*
*Ils rejoignent les villes en espérant y trouver du travail. La désillusion est terrible. Ils envahissent un terrain inoccupé, bâtissent un taudis. La seule ville de Fortaleza compte 214 favelas. Même là, ils ne sont pas à l'abri de l'expulsion,* explique Dom Helder.

Pourtant, une loi reconnaît aux paysans le droit de cultiver deux hectares de terre pour leur propre subsistance, mais cette loi n'est toujours pas appliquée. Les paysans se résignent ou les plus courageux intentent un procès. De toute façon, les puissants seigneurs n'en tiennent jamais compte, quitte parfois à louer les services de tueurs à gages.

«Quand un leader syndical, et surtout une personne engagée avec l'Évangile, prend position pour la réforme agraire, il reçoit des menaces de mort et quelquefois la mort. Oui, nous avons des martyrs du combat pour la justice», dit Dom Helder. Selon les statistiques du gouvernement, 286 personnes ont été assassinées dans des conflits agraires en 1986. La plupart étaient des paysans ou certains de leurs avocats ou de leurs conseillers.

Malgré tout, Dom Helder prie aussi pour les riches propriétaires car, dit-il, «ils sont aussi mes frères». Il demande à Dieu d'ouvrir leurs yeux et leur cœur à la misère humaine:

*Donne à nos frères, les riches,*
*de comprendre que les lingots d'or*
*n'ont pas cours dans l'au-delà;*
*qu'au pays de l'éternité,*
*seul l'amour est accepté*
*comme valeur authentique.*
*Donne à leurs enfants trop comblés*
*de découvrir la misère des pauvres*
*et de ne pas se dérober à leur devoir social.*
(Cardinal Suenens et Dom Helder)

## Le Concile du Vatican II

En novembre 1961, l'Action catholique s'est assez étendue pour tenir un conseil mondial à Rio de Janeiro; Dom Helder est toujours secrétaire général de ce mouvement. 200 mille jeunes travailleurs emplissent alors le plus grand stade du monde. L'abbé Cardijn, âgé de quatre-vingts ans, prend la parole: «Nous voulons que tous les jeunes travailleurs de la terre prennent conscience de leur dignité de fils de Dieu».

Depuis le début des années cinquante, l'Action catholique est florissante au Brésil. En plus d'avoir fait une percée dans le monde des jeunes travailleurs avec la JOC, le mouvement a aussi percé chez les adultes et les étudiants. Malheureusement, en 1964, ce mouvement sera brutalement arrêté par la révolution des militaires.

Avant le coup d'État, le 11 octobre 1962, le pape Jean XXIII préside l'ouverture officielle du XXIe concile oecuménique, le Concile du Vatican II. Dom Helder se rend au Vatican quatre jours avant son ouverture. Jusqu'à la fin du Concile, le 8 décembre 1965, il ne fera aucune intervention dans l'enceinte conciliaire. Cela ne l'empêche pas d'être «l'un des principaux animateurs du Concile par une activité aussi discrète qu'incessante.» Il aime dire que «les rencontres non officielles, où des évêques de tous les continents se retrouvent et conversent fraternellement, sont aussi importantes que les débats formels dans la basilique.»

Après la cérémonie d'ouverture, Mgr Larrain et Dom Helder convoquent les délégués du CELAM, le Conseil épiscopal latino-américain, pour une rencontre. Les évêques d'Amérique latine étaient les seuls qui possédaient une expérience de travail en commun. «Il ne s'agissait pas de proposer des évêques latino-américains dans chacune des seize commissions, mais de voir dans quelles commissions nous pourrions apporter une collaboration utile.»

L'expérience est une réussite; l'idée vient alors à Dom Helder de poursuivre ces rencontres. Tous les vendredis, le CELAM invite, avec la collaboration de l'épiscopat français, les membres-clés des différentes commissions. La Domus Mariae, résidence des évêques brésiliens, avec ses belles salles bien équipées, est toute désignée comme lieu de rendez-vous. «Grâce à ces réunions, on arrive à s'informer, à préparer les débats importants. Toujours pour aider le Concile; jamais pour le saboter», dit Dom Helder.

Les réunions secrètes du groupe des «Vendredis du Vatican II», organisées par un simple évêque, paraissent louches aux yeux du secrétaire général du Concile, Mgr Felici. Dom Helder comprend la nécessité de placer leur rencontre sous la protection d'un cardinal. Après en avoir parlé ouvertement au cardinal Suenens, archevêque de Malines en Belgique et l'un des quatre modérateurs nommés par le pape, ce dernier accepte d'être leur «cardinal protecteur». C'est la naissance d'une nouvelle amitié.

Dom Helder est aussi un des initiateurs du groupe de «l'Église des pauvres». Une cinquantaine d'évêques, souvent les mêmes qui se retrouvent dans d'autres groupes de réflexion et de concertation, se réunissent en toute amitié et simplicité sous la présidence du cardinal Gerlier. «Nous avons commencé à chercher comment l'Église entière, mais d'abord chacun de nous, nous pourrions être "servants et pauvres"», dit Dom Helder.

Une fois le Concile terminé, beaucoup de chrétiens ont vécu une crise de la foi. Il y a ceux qui s'accrochent avec frénésie au passé et ceux qui souhaitent que le Concile aille encore plus loin. L'Église, c'est comme une automobile, explique Dom Helder à l'émission *Radioscopie*: «Certains sont tellement timorés qu'ils veulent toujours freiner. D'autres sont si pressés qu'ils ne pensent qu'à accélérer. En fait, l'Église a besoin à la fois d'un frein et d'un accélérateur.»

Selon Dom Helder, les conflits, les ajustements et les chocs qui ont suivi le Concile sont une réaction bien normale. «Le Concile a tellement secoué les mentalités et les structures qu'il aurait été inimaginable qu'après, tout marche silencieusement, sereinement, harmonieusement.» Mais là n'était pas le véritable problème...

*Le vrai problème, ce ne sont pas les remous de l'après-Concile. Le vrai problème, c'est notre manque de courage lorsqu'il s'agit de mettre en pratique les conclusions du Concile ou, pour nous en Amérique latine, les conclusions de Medellin, c'est-à-dire de mettre en pratique l'Évangile tel que nous, les évêques avec le pape et sous la direction du Saint-Esprit, nous l'avons traduit pour les hommes et le monde d'aujourd'hui. (De Broucker)*

Pour l'apôtre des pauvres, il y a crise de l'autorité ecclésiastique quand «les autorités n'ont pas le courage d'accepter les conséquences des options qu'elles ont étudiées, délibérées, votées, signées.» Et il y a crise de la foi lorsque des chrétiens — laïcs, prêtres ou évêques — ont peur que l'être humain empiète sur les domaines réservés jusqu'alors à Dieu... Il va trop loin!

Dom Helder ne pense pas que l'homme dépasse les bornes de la volonté divine car, pour lui, Dieu n'est pas un être jaloux des réussites humaines, quel que soit le domaine. Si Dieu est Créateur, l'homme aussi est créateur, ou plutôt co-créateur avec Dieu. Les êtres humains ont donc le pouvoir et le devoir de travailler, chacun selon ses talents, «à rendre la terre des hommes meilleure à habiter.»

## L'archevêque et les communautés de base

En mars 1964, Dom Helder est nommé archevêque d'Olinda et de Recife. Cette nomination le ramène dans sa région natale. La ville d'Olinda est construite sur une colline; «vieux port portugais, elle est le siège du plus ancien diocèse du Brésil, érigé en 1676.» À sept kilomètres au sud s'étend la ville de Recife, capitale de l'État du Pernambouc et métropole du Nordeste. Avec plus de deux millions d'habitants et ses nombreuses favelas, Recife est la quatrième ville du Brésil.

L'intronisation officielle de Dom Helder a lieu le dimanche 13 avril de la même année, dans la plus ancienne église du Brésil, la cathédrale l'Olinda. En plus d'y voir une délégation d'une trentaine d'évêques et des notables de la ville, le peuple s'y assemble pour entendre son tout premier discours, celui qui dévoile son «programme»:

*Comme évêque, à l'initiative de Jésus Christ, je ne viens pas pour être servi mais pour servir [...] Ma porte et mon cœur sont ouverts à tous, absolument à tous. Mais je dois, à l'exemple du*

*Christ, avoir un amour spécial pour les pauvres. La misère est révoltante, avilissante; elle abîme l'image de Dieu qui est en chaque homme [...]*
*N'accusons pas de marxiste ceux qui ont soif de justice. J'affirme que, dans le Nordeste, le Christ s'appelle José, Antonio, Severino... Ce sont eux qui ont besoin de justice. Que viennent sans retard les réformes espérées, mais sans qu'il soit nécessaire d'employer la force, et surtout sans rancune, car le plus grand péché, c'est le manque d'amour. Dieu est amour.*

Le peuple ne s'y trompe pas en percevant en la personne du nouvel archevêque l'ami des pauvres, la voix des sans-voix. Dom Helder fait de sa résidence épiscopale, le palaço São José, une porte ouverte où tous —révolutionnaires, riches seigneurs ou pauvres — peuvent lui rendre visite les après-midi. «Si tu es préoccupé, va voir l'évêque»: dans le cas de Dom Helder, cet adage brésilien s'avère très juste!

Sa fonction d'archevêque permet à Camara d'orienter les laïcs, les diacres et les prêtres de sa région vers une pastorale d'ensemble qui ne se limite pas aux paroisses. «Notre diocèse doit se sentir engagé dans la région, dans le pays, dans le continent, dans le monde». Il fait ainsi sienne la célèbre devise du Père Congar: «Le monde est ma paroisse».

Avec l'abbé français Joseph Servat, Dom Helder fonde, en 1965, l'Action catholique rurale. De plus, il est l'un des initiateurs de la commission *Pastorale de la Terre* dont le but est d'offrir aux *posseiros* (paysans sans documents de propriété) l'aide d'avocats et de moyens financiers pour défendre leurs droits. La *Pastorale de la Terre* fonde le Centre d'éducation rurale de Pesqueira qui a pour tâche de former les paysans à l'agriculture biologique.

Dans son souci de conscientiser les masses, l'avocat des pauvres parle tous les matins, cinq minutes, sur les ondes de Radio Olinda, le poste de l'archevêché. Son émission *Nous sommes tous des frères* est très écoutée par tous, riches et pauvres. «Là où est l'homme, là doit être l'Église», dit-il.

La radio soutient un mouvement qu'il a fondé, *Rencontre des frères*. Après la lecture de l'Évangile, les auditeurs sont conviés à poursuivre la réflexion en groupe. Dom Helder les guide en leur préparant deux questions: «Une sur le texte lui-même pour l'approfondir; l'autre pour mettre en relation avec l'Évangile leur propre vie, la vie de tous les jours, avec ses souffrances, ses injustices, ses conditions de travail.» C'est ainsi que naissent des communautés de base; elles constituent son espérance.

*Prenez un curé de paroisse. Il est très content parce que, le dimanche, il y a cinq, six, sept, huit messes et qu'à chaque fois l'église est pleine. Mais on sait bien que ceux qui viennent à la messe, surtout dans les grandes villes, ne représentent qu'un petit pourcentage de la population. Et les autres? Tous ceux qui ne viennent pas à l'église? Ils sont là, ils vivent dans les quartiers, dans leur communauté naturelle. Alors, nous avons commencé à nous approcher de ces communautés. Des religieux, des prêtres et surtout des laïcs tâchent de vivre avec elles, de travailler avec elles, de les aider du dedans à voir leurs problèmes et à s'organiser pour les résoudre.* (De Broucker)

En vivant avec le peuple et comme le peuple, c'est-à-dire en partageant les mêmes logis infects, le même désarroi, la même insécurité et la même peur d'être expulsés, les chrétiens responsables des communautés de base sont très proches des gens et de leurs problèmes. Ces rassembleurs rappellent souvent aux communautés que leurs problèmes ne seront pas résolus par le gouvernement ou par l'Église: «Il faut que vous pensiez par vous-mêmes, que vous agissiez vous-mêmes. Les vrais changements partiront de la base, non du sommet.»

Chaque communauté de base qui fleurit encore aujourd'hui au Brésil — et un peu partout en Amérique latine — est une incarnation de «l'Évangile unique et éternel dans l'espace et dans le temps», affirme Dom Helder. Parce qu'elles incarnent l'Évangile dans une culture unique, confrontées à des problèmes spécifiques, les communautés de base ont prise sur les véritables enjeux politiques et économiques de leur région, de leur pays. Tel est le défi des églises locales.

*Il nous faut imiter le Christ. Le Christ est venu pour tous, pour tous les hommes de tous les pays et de tous les temps. Et cependant, il s'est incarné dans un peuple, dans une culture. Il a adopté une langue, des mœurs qui n'étaient pas la langue ni les mœurs de tous les hommes de tous les pays et de tous les temps. Il était le fils du charpentier de Nazareth. Il nous faut comprendre cette leçon d'incarnation: rester toujours liés à l'humanité entière et à l'Église universelle, et en même temps nous incarner chacun dans le Nazareth qui nous est proche.* (De Broucker)

C'est ce défi d'incarnation que relèvent les communautés de base, en partant de là où se trouve le peuple. «L'incarnation, c'est se mettre au niveau de ceux avec lesquels on vit et on travaille. Pas pour en rester là, évidemment, mais pour les aider à monter», dit Dom Helder.

Par exemple, au Brésil, la population confond souvent Marie et Iemanja, la déesse de la mer très fêtée et honorée. Ainsi, quand d'énormes foules se rassemblent ici et là pour fêter l'Immaculée Conception, le 8 décembre, Dom Helder est convaincu que «les deux tiers, peut-être, pensent à Iemanja. C'est tout un mélange de religion africaine et de christianisme.» Faut-il à cause de ce syncrétisme religieux abolir toutes les grandes processions? Voici ce qu'il en pense:

*Quand vous êtes dans ma maison, vous pouvez souvent entendre frapper à la porte et appeler: «Dom Helda! Dom Hebe!» Imaginez qu'en ouvrant la porte, je dise: «Il n'y a ici aucun Dom Helda, aucun Dom Hebe!» Non. Je n'ai pas besoin que l'on prononce impeccablement mon nom pour savoir que l'on m'appelle ou me cherche. Alors, vous pensez, pour la Mère de Dieu qui est la Mère des hommes, des pécheurs, ce n'est pas un problème si elle perçoit un certain mélange entre son nom et celui de Iemanja.*

## Le coup d'État

De nos jours encore, les communautés de base travaillent à conscientiser le peuple sur sa dignité et ses droits. À ce titre, elles encouragent la promotion humaine des masses. Alors se développe progressivement une prise de conscience qui leur fait clamer: «Dieu ne veut pas cela» (chant brésilien). Dom Helder commente:

*Non, Dieu ne veut pas d'un monde qui se partage entre ceux qui dominent et ceux qui courbent l'échine, entre les palais et les favelas. Peu à peu, ensemble, ils prennent leur vie en main, pour la rendre plus humaine, plus digne des fils de Dieu qu'ils sont.*

Il voit une façon concrète d'aider le peuple à prendre sa vie en main: c'est de développer l'économie du Nordeste. En constatant le fossé croissant qui sépare le Sud industrialisé du Nord abandonné à lui-même, les évêques, avec la collaboration de l'État, créent, en mai 1959, la SUDENE: la Superintendance pour le développement du Nordeste.

Avec l'aide de techniciens envoyés par le gouvernement, les évêques préparent un plan de développement du Nordeste, car tous les intervenants réalisent que le problème de cette région ne se limite pas à la sécheresse. La SUDENE travaille «à équiper le pays en routes, en eau, en électricité; elle favorise l'industrialisation et modernise l'agriculture», explique Dom Helder. La SUDENE s'emploie aussi à persuader les riches propriétaires terriens de payer le salaire minimum et de céder les deux hectares de terre auxquels les paysans ont droit. Alors, des coopératives naissent et s'organisent; des familles s'associent pour leur mieux-être.

Même si l'Église ne se rend pas compte qu'elle aliène son pouvoir spirituel en collaborant ainsi avec l'État, la création de la SUDENE montre qu'elle est cependant prête à faire face aux véritables problèmes du peuple. D'ailleurs, en 1961, la Conférence épiscopale met sur pied le Mouvement d'éducation de base, le MEB.

Fondé par Camara et son frère Dom Távora, ce mouvement se sert de la radio et forme des moniteurs afin d'éduquer le peuple. Le but est d'éveiller les consciences — d'où la création du mot «conscientisation» — et de faire de l'éducation intégrale: «Non seulement alphabétiser les adultes, mais leur inculquer des notions d'agriculture, d'hygiène, d'économie domestique, de civisme, de spiritualité.» Des millions de Brésiliens peuvent ainsi s'élever au-dessus de leur condition.

*Nous travaillions à conscientiser les masses, c'est-à-dire à faire naître des initiatives, à former des leaders, à enseigner le travail en équipe, à apprendre aux intéressés à ne pas dépendre toujours du gouvernement, à découvrir leurs propres devoirs mais aussi à connaître et revendiquer leurs droits.*
*Puis, de la «conscientisation», nous passions à la politisation. Ce terme doit être compris comme volonté de s'intéresser et de participer à la vie publique, aux problèmes de son quartier, de sa région, dans une perspective d'action communautaire,* écrit Dom Helder.

La promotion des masses suscite de vives réactions de la part de l'extrême droite, surtout à l'intérieur de l'armée, qui ne vise qu'à conserver l'ordre établi et à accroître ses privilèges égoïstes et injustes. Quelques jours à peine après la nomination de Dom Helder comme archevêque, le 1er avril 1964, a lieu un coup d'État. Les généraux justifient leur initiative comme une mesure de sécurité car, disent-ils, «le péril communiste est à notre porte»; à problème extrême, mesure extrême! Le slogan de la dictature est éloquent en lui-même: «Les communistes dehors!»

Quelques jours avant le coup d'État, le président de la République avait prononcé le *Discours aux sergents*, retransmis à la radio et à la télévision. Le cardinal Motta (président de la Conférence des évêques) et Dom Helder décident aussitôt de rencontrer le président Goulart «pour le mettre en garde et l'empêcher de se précipiter dans une direction aussi aventureuse.» Les deux hommes d'Église voyaient bien que le président ne suivait pas un plan établi pour réformer en profondeur les structures, mais qu'il agissait plutôt en «gauchiste sentimental». Son discours risquait de provoquer une réaction de la part de militaires, voire même la dictature. «C'est ce que nous avons essayé de faire comprendre au président Goulart. Malheureusement, il était absolument hors du réel.»

Au cours de cette rencontre privée, un journaliste pénètre dans la pièce et prend un photo. Malgré les protestations des deux hommes d'Église, le président de la République les rassure en affirmant que la photo est destinée à son album personnel. «Mais trois ou quatre jours plus tard, cette photo paraissait dans la presse. Et trois ou quatre jours plus tard, les militaires prenaient le pouvoir.» Pour le cardinal et l'évêque, la photo laisse à penser que l'Église est l'alliée, ou pire, la conseillère du président. Or, ni l'un ni l'autre ne démentent la nouvelle ou en corrigent l'interprétation. Dom Helder explique:

*Quand un homme est à terre, chassé du pouvoir, ça ne me plaît pas du tout d'aider à l'écraser. Ce n'était pas le moment de dire: «Non! Nous étions là précisément pour essayer d'ouvrir les yeux d'un président peut-être sincère mais sûrement naïf!»*

Le 13 décembre 1968, avec l'Acte institutionnel n⁰ 5, le Brésil s'enfonce dans une révolution technocratique. Cet acte marque le début d'une véritable dictature: «dissolution du Parlement, pleins pouvoirs, suppression des garanties judiciaires», commente Dom Helder. Cette révolution assoit solidement l'idéologie de la *Segurança nacional*, de la Sécurité nationale.

*Tout est conçu en terme de Sécurité nationale [...] À la base, il y a l'idée que la Troisième Guerre mondiale est inévitable. L'ennemi, ce sera naturellement le communisme. Les États-Unis rem-*

*porteront finalement la victoire [...] Mais ils sortiront de cette*
*guerre aussi épuisés que l'Angleterre après la Deuxième Guerre.*
*Alors, la géopolitique dit que la prochaine première puissance*
*mondiale, le prochain empire, sera le Brésil. Voilà la théorie*
*officielle qui gouverne le Brésil.* (De Broucker)

Dans cette perspective, le Brésil doit avant tout «se préparer à exercer le *leadership* naturel que la géopolitique lui reconnaît en Amérique latine». Tous les programmes et les projets gouvernementaux sont évalués en fonction de cette vocation au commandement. Aussi, la junte militaire interdit, en 1964, la SUDENE et le MEB, car en travaillant à la promotion humaine des masses, ils devenaient une menace permanente à l'ordre établi et, par le fait même, à la Sécurité nationale.

*Au nom de la Sécurité nationale...*

Le coup d'État conduit Dom Helder et d'autres hommes d'Église à se livrer à un sérieux examen de conscience pour expliquer — et non pour approuver — les événements. «Il faut avoir le courage de confesser les péchés par omission que nous, hommes d'Église, avons commis», affirme Dom Helder. Préoccupés de maintenir à tout prix l'autorité et l'ordre social, ils ont été incapables de voir les injustices et les égoïsmes qu'ils couvraient.

L'apôtre des pauvres pense à la religion magique et passive que lui — comme tous les autres — avait véhiculée. Magique car, par exemple, en cas de sécheresse, on ne savait qu'organiser une grande procession pour faire pleuvoir.

*Nous prêchions un christianisme trop passif: la patience, l'obéissance, l'acceptation des souffrances en union avec les souffrances du Christ... De grandes vertus, sans doute, mais qui, dans le contexte, faisaient le jeu des oppresseurs. Pendant tout ce temps, les gouvernements et les grands seigneurs étaient contents et fiers de l'appui que leur assurait l'Église.* (De Broucker)

Avec la dictature, l'époque est terminée où l'Église et l'État travaillaient ensemble à maintenir l'ordre établi. De plus, le coup d'État coïncide avec les positions de justice sociale mise de l'avant par le deuxième concile du Vatican. Ainsi, le pouvoir spirituel doit être séparé du pouvoir temporel.

Des chrétiens — laïcs, prêtres et évêques — et aussi des communistes se lèvent pour dénoncer les injustices sociales et œuvrer à la promotion des Brésiliens. Au nom de la Sécurité nationale, ils sont alors considérés comme des subversifs, des agitateurs politiques ou des communistes.

*Tous ceux qui paraissent susceptibles de s'opposer au régime — ouvriers, paysans, étudiants, journalistes, hommes politiques, ecclésiastiques — sont dans le collimateur du pouvoir. Au moindre soupçon, c'est l'arrestation, la prison, la torture, voire la mort. Pour arrêter les suspects, les forces de l'ordre font irruption la nuit dans les maisons, comme jadis la Gestapo, ou organisent des enlèvements en pleine rue.* (Toulat)

Ainsi, un jeune avocat, Paulo Fontelles, est tué sous les yeux de sa femme et de ses deux enfants, en plein jour, en sortant de sa maison. Ou ces deux prêtres bretons, Aristide Camio et François Gouriou, longtemps emprisonnés.

*Leur crime a été seulement de soutenir des paysans écrasés qui défendaient leur terre, leur seul moyen de vivre [...] Les dictatures sont toujours mauvaises. Il y a en permanence ce climat de suspicion qui empoisonne même la vie privée. Tout est contrôlé, tout est espionné. On ne sait pas si l'ami d'hier n'est pas le dénonciateur de demain.* (De Broucker)

Toutes les dictatures se rassemblent à la base: pour combattre le pseudo-péril communiste, la junte militaire s'applique à pratiquer des arrestations arbitraires et la torture. Dénoncée par de nombreux pays et organismes mondiaux humanitaires, la torture continue néanmoins à être pratique courante dans l'ensemble de l'Amérique latine. On pourchasse, on arrête et on torture «pour obtenir des informations soi-disant indispensables pour la Sécurité nationale, et même continentale!» explique Dom Helder. Les bourreaux modernes ont «évolué» : ils se servent entre autres de l'électricité. Cette méthode est encore plus sournoise et subtile que le feu employé au temps de l'Inquisition. À côté du terrorisme officiel, des groupes révolutionnaires radicalisés recourent aussi au terrorisme.

La fin ne justifie aucunement les moyens. Dom Helder ne peut admettre le recours aux méthodes violentes qui causent la mort de centaines de personnes innocentes par année. Le peuple n'a pas à être pris en otage — au sens propre et figuré du terme. Ainsi, «l'ordre de l'uniforme», ou le «désordre établi» règne au Brésil depuis que les coups d'État succèdent aux coups d'État. Dom Helder soutient que «les généraux brésiliens sacrifient tout au culte de la Sécurité nationale. Les capitaux étrangers n'ont plus à craindre d'être nationalisés.» Les grandes firmes multinationales peuvent investir et brasser des affaires sans risque au Brésil. «La sécurité est assurée!»

*Reste l'Église. C'est le dernier foyer de résistance à l'ordre établi. Elle est là partout, collant au peuple, plaidant pour lui, écoutée. Elle ne prêche plus la patience et la résignation, mais elle organise la défense des droits de l'homme et bâtit la théologie de la libération. C'est le renversement des alliances.* (De Broucker)

Si un simple citoyen est «porté disparu» — joli terme pour dire emprisonné ou tué —, il y a toujours un chrétien pour le savoir. Il dénonce cet événement à sa communauté de base qui fait des pressions sur le gouvernement. Si la force cherche à la bâillonner, il y aura toujours un prêtre, un évêque, une conférence régionale ou nationale des évêques pour prendre la relève.

*Comment gouverner et maintenir l'ordre nécessaire à la sécurité nationale avec cette menace permanente d'entendre le gros bourdon au moindre cheveu tombé de la tête du plus ordinaire des citoyens? Il faut faire taire l'Église,* commente Camara.

Quand on pense que plus des deux tiers des habitants d'Amérique latine vivent dans des conditions sous-humaines, et que cette même situation se répète au niveau mondial, on peut comprendre que l'Église choisisse de travailler à la libération de tous ces gens. Tel est en effet le but de la théologie de la libération. Elle veut aider le peuple à se dégager des structures qui institutionnalisent l'injustice, l'égoïsme et l'oppression.

*De même que le Père, le Créateur, nous veut co-créateurs, de même le Fils, le Rédempteur, nous veut co-rédempteurs. À nous de continuer la libération commencée par le Fils : la libération du péché et des conséquences du péché, la libération de l'égoïsme et des conséquences de l'égoïsme. Voilà ce qu'est, pour nous, la théologie de la libération,* dit Dom Helder.

Cette théologie proclame que la justice pour tous n'est pas un devoir moral de surcroît, mais un impératif de la foi chrétienne. De plus, la justice pour tous est la condition de l'établissement d'une paix ici-bas. «L'Évangile est message de salut et de libération. Il faut lui donner à la fois son ampleur spirituelle et sa logique d'incarnation», souligne Dom Helder.

Il y a donc péché contre la foi à la confiner exclusivement dans la zone spirituelle et religieuse, car c'est restreindre la portée de l'incarnation. Certains chrétiens ne cherchent que la libération spirituelle par la prière; d'autres vont se consacrer seulement à la libération socio-politique et délaisser la prière. Les deux libérations sont inséparables. Comme le dit un de ses amis, le cardinal L.-J. Suenens : «Il ne s'agit pas pour le chrétien de choisir entre la foi et les œuvres, ni de juxtaposer la foi et les œuvres, il s'agit de mettre la foi à l'œuvre.»

*L'amour de Dieu et l'amour des hommes ne sont rigoureusement qu'un seul. L'homme n'est pas qu'une âme, il est aussi un corps. Il est donc chrétien, profondément chrétien de lutter pour le développement dans la mesure où celui-ci est synonyme d'aide fraternelle, dans la mesure où on arrache à la misère des millions*

*d'humains [...]*
*L'homme peut s'aliéner aussi bien en oubliant et en abandonnant*
*le temporel au nom de l'éternité qu'en oubliant et en abandon-*
*nant l'éternel au nom du temporel.* (Dom Helder)

## Une Église engagée et persécutée

«Plus qu'aucune autre, l'Église d'Amérique latine a été secouée par le souffle du Concile Vatican II», soutient Dom Helder. À partir de ce moment, l'Église a ouvert les yeux sur les injustices et a refusé de jouer le jeu des dominateurs. Elle n'a plus permis que le peuple continue à être exploité par les pays riches et par une minorité de privilégiés.

Pour les riches propriétaires terriens, la prise de position de l'Église est une grande surprise et un dur choc. Comment se fait-il que leur prestigieuse alliée de toujours change d'attitude? Une seule réponse leur vient à l'esprit: «Il ne peut s'agir que de quelques-uns. C'est une infiltration marxiste parmi les étudiants, les religieux et les prêtres, et même parmi les évêques!»

*Plus qu'aucune autre, l'Église d'Amérique du Sud a entendu et*
*retenu la petite phrase si vite oubliée de Paul VI clôturant le*
*Concile: «Nous aussi, nous plus que quiconque, nous avons le*
*culte de l'homme.»*
*Au cours de son histoire, l'Église a souffert bien des persécutions*
*pour son culte de Dieu, folie pour les païens. Aujourd'hui, autre*
*chose la rend suspecte et dangereuse: c'est son culte de l'homme,*
*scandale pour tant de chrétiens. Les deux cultes, comme les deux*
*commandements, ne font-ils pas qu'un?* dit Dom Helder.

De nos jours encore, l'Église d'Amérique latine récolte les fruits de la suspicion dont elle est l'objet. Des laïcs, des religieux, des prêtres et des évêques qui dénoncent avec force et vigueur les grandes injustices sont pourchassés, arrêtés, torturés, expulsés ou assassinés. De plus, le gouvernement organise des campagnes de diffamation où les chrétiens engagés à la promotion de l'homme passent pour des subversifs, des communistes ou des terroristes déguisés.

Dom Helder, le défenseur des pauvres, n'a pas échappé, lui non plus, à la suspicion. En pleine nuit, il a souvent été menacé de mort par des appels téléphoniques anonymes, et aussi par des lettres. Les murs de sa résidence ont été mitraillés, et on a pu y lire, écrit en rouge sang : « Morte ao bispo vermelbo » (mort à l'évêque rouge). Mais cela ne l'a pas empêché de persévérer dans la défense des sans-voix. « Vous devez n'avoir qu'une seule peur, disait-il, la peur d'être lâche. »

Le régime militaire n'a pas osé l'éliminer car il était trop connu. Puis, cela en aurait fait un martyr qui aurait risqué d'être plus menaçant mort que vivant! Alors, pour éviter de soulever l'indignation populaire, on a cherché à l'atteindre à travers ses proches. Le 27 mai 1969, le secrétaire de Dom Helder, un jeune prêtre de vingt-huit ans, Antonio Peirera, était retrouvé sans vie, « pendu à un arbre, la gorge lacérée, avec trois balles dans la tête et la trace de nombreuses tortures. » C'était l'œuvre du Commando de la chasse aux communistes, le CCC. Au cours de la cérémonie funéraire, Dom Helder a dit :

*Comme chrétiens, suivons l'exemple du Christ et du martyr saint Étienne, et demandons à Dieu de pardonner aux assassins, en répétant le mot de Jésus : « Ils ne savent pas ce qu'ils font. »*
*— Nous jurons fidélité à la lutte pour la libération matérielle et spirituelle de notre peuple.*
*— Nous le jurons, répond la foule.*

Un télégramme du pape Paul VI et un communiqué de l'épiscopat brésilien ont exprimé leur sympathie à Camara et à la famille du prêtre. De plus, ils se sont solidarisés avec la promotion humaine des masses.

La mort du Père Peirera est un exemple entre plusieurs du climat d'insécurité et de persécution qui règne encore au Brésil. Dans ce contexte politique, l'apôtre des pauvres a toujours été conscient qu'il aurait pu être assassiné comme l'ont été Gandhi, Martin Luther King et tant d'autres moins connus, comme son ami. En 1968, de passage à Rome, il déclarait à Paul VI qui s'inquiétait de le savoir sans mesure spéciale de protection :

*Saint-Père, je vous réponds le cœur ouvert : il me semble qu'offrir sa vie pour la paix dans le monde, pour le rapprochement entre les hommes, c'est une grâce que personne ne mérite. Alors, même si sans aucun mérite de ma part le Seigneur m'offre cette grâce, je n'ai absolument pas à me préoccuper !*

Dom Helder exprimait ainsi le brûlant désir qui l'habite encore aujourd'hui : donner sa vie pour la paix et la justice. Cet idéal — humain et chrétien à la fois — exige la dénonciation des injustices sociales perpétrées par le gouvernement et par la minorité des riches seigneurs qui exploitent le peuple. En ce sens, il ne veut que mettre en pratique les encycliques de Paul VI et donner vie aux conclusions remarquables de Vatican II.

L'archevêque rouge est bien conscient que ce n'est pas seulement la répression violente des gouvernements et des puissants propriétaires terriens qui empêche l'Église d'Amérique latine de donner corps aux beaux principes sociaux du Concile. Très souvent, ce sont des hommes d'Église, bloqués par la crainte du changement, qui multiplient à outrance les conseils de prudence. Ils restent accrochés à leur autorité, à un certain ordre social, au pouvoir, à l'État...

Dom Helder rêve du jour où l'Église n'aura plus peur d'appliquer les réformes de justice sociale suscitées par Vatican II. C'est là une des faiblesses humaines de l'Église, remarque-t-il : «La confusion entre la prudence de l'Esprit-Saint et la prudence de la chair, la prudence humaine.» Aux conservateurs prudents qui prêchent : «Mais il faut patienter! N'allez pas trop vite!», Camara répond :

*Les principes sont ici, les conclusions sont ici. Nous les avons discutés longuement (au Concile). Nous les avons approuvés, signés. Il est faux de penser que nous voulons aller trop vite. L'Amérique latine attend déjà depuis quatre siècles et demi. Et l'Afrique, et l'Asie... Pourquoi ne pas prêcher la révolution? Cela ne veut pas dire pour nous action violente et armée; cela veut dire un changement profond et rapide des structures injustes.*

## La voix des sans-voix

Dom Helder ne fait pas de conférences à l'étranger pour combattre le Brésil, son pays. Il voyage pour dénoncer les injustices et pour faire reconnaître que la justice est le seul chemin de la paix. Recevant en moyenne quatre-vingts invitations par année, il n'en accepte que cinq ou six. Son choix s'effectue en fonction de deux critères majeurs : la libre expression et le contact avec les minorités actives.

*Quand je reçois une invitation, je commence par examiner si la conférence que l'on me demande de faire, ou la réunion à laquelle on me demande de participer m'offrira ou non une possibilité de rencontres avec les minorités actives du pays ou de la région [...] En même temps, il me faut avoir l'assurance que j'aurai une liberté totale de parole [...] Et évidemment, j'essaie de voir si la réunion à laquelle on m'invite est un cadre favorable à la marche des idées. Je n'ai aucun désir de faire du tourisme, ni de faire des tournées comme une vedette du spectacle!* (De Broucker)

Toutes ses conférences sont préparées avec grand soin. Si des thèmes majeurs reviennent souvent (justice, paix, action non-violente, armement, développement, politique du commerce international, exploitation, droits de l'homme), certaines conférences comportent des appels précis et très directs. Ses voyages l'ont conduit aux États-Unis, en Europe et une seule fois en Afrique — à Dakar — et en Asie — à Kyoto. S'il visite exclusivement des pays industrialisés, c'est qu'il y voit une urgence. «Si j'aide ces pays à ouvrir les yeux, j'aide tout le tiers monde, et pas seulement l'Afrique, l'Asie ou l'Amérique latine», dit-il.

En plus des conférences, Dom Helder voyage aussi pour recevoir différents prix. Par exemple, en 1970, le pasteur Ralph Abernaty, successeur de King, est venu à Recife l'inviter aux États-Unis pour recevoir le Prix Martin Luther King. «Cette distinction est décernée chaque année à une personnalité ayant contribué, par des méthodes non-violentes, à la cause de la justice et de la paix», souligne Jean Toulat. Ce prix a été décerné à Camara dans la ville où est né et enterré M. L. King, à Atlanta.

Trois ou quatre ans de suite, la candidature de Mgr Camara a été déposée officiellement pour le prix Nobel de la paix, mais elle n'a jamais été retenue. Des gens ont alors créé pour lui le Prix populaire de la paix. Cette distinction a la même signification que le prix Nobel, à la seule différence qu'elle est attribuée par le peuple et non par une commission. Il a reçu le prix le 10 février 1974, à Oslo, en Norvège, là où se donne le prix Nobel de la paix.

Sept fois, Dom Helder a été invité par des universités — dont la Sorbonne, Havard, Louvain, Münster — pour recevoir des doctorats honorifiques en sciences sociales ou en droit. Et toujours il a accepté. Les prix et les titres d'honneur qu'il obtient, il les a toujours acceptés avec humilité.

*Ce n'est jamais pour moi que j'accepte. Jamais, à aucun moment, je n'oublie que je ne suis que le représentant des hommes «sem vez e sem voz», sans chances et sans voix. À travers moi, ce sont les petits, les pauvres, les opprimés, l'innombrable foule de ceux qui, dans l'anonymat, luttent courageusement pour la justice, qui sont écoutés et honorés. (De Broucker)*

Les bourses qui accompagnent les prix, Dom Helder s'en sert pour concrétiser des projets en faveur des plus pauvres. Par exemple, avec les 175 000 dollars du Prix populaire de la paix, il a acheté des terres au Brésil afin de poursuivre «des expériences de promotion des travailleurs agricoles et de diversification des productions.» Les paysans ont formé une sorte de coopérative qui unit des travailleurs; cette entreprise est rentable et même compétitive face aux grandes exploitations.

Dans tous ses déplacements, le défenseur des pauvres a conscience qu'avant d'être archevêque, il est frère de tous les êtres humains. C'est au nom de cette solidarité universelle dans le Christ qu'il dénonce les structures injustes, la torture et le colonialisme interne et externe qui oppriment son peuple. Sa conférence du 26 mai 1970, à Paris, est un bon exemple. Le Centre français des intellectuels catholiques avait organisé la conférence; les 14 000 places du palais des Sports ont toutes été vendues!

Cette conférence tombait pile, car malgré les dénonciations des tortures au Brésil dans la presse mondiale, et notamment en France, le ministère de la Justice démentait les informations: «Il n'y a pas de tortures au Brésil ni même de prisonniers politiques, mais seulement une campagne internationale de diffamation menée par des agents de la subversion.» Après avoir longuement prié, Dom Helder a démenti ouvertement ces affirmations de camouflage de la vérité.

*Si je n'avais pas le courage, ce soir, de parler sincèrement et franchement de ce qui se passe au Brésil, j'ai la conviction profonde que je tromperais votre attente. Je parlerai donc, avec force et gravité. Mais comprenez bien que, dans mon cœur, il n'y a pas la moindre trace de haine.* (Toulat)

Après avoir dénoncé de façon générale la torture, l'avocat des opprimés cite des cas précis de torture au Brésil. Le premier est un étudiant, Lui Madeiros, qu'il a lui-même visité en prison. «J'ai vu ses membres disloqués, ses doigts aux ongles arrachés. Et il m'a confié qu'on lui avait écrasé ses organes génitaux.» Le second exemple est celui de Tito de Alencar, un dominicain de 24 ans, emprisonné en novembre 1969. Après des tortures physiques et psychologiques atroces, «il a tenté de se suicider en se coupant les veines avec un morceau de fer-blanc, arraché à une boîte de sardines. »

*Je suis loin d'être une exception, dit le jeune dominicain à l'évêque auxiliaire de São Paulo à l'hôpital militaire. Ce qui m'est arrivé, c'est la règle pour les prisonniers politiques. Plusieurs en sont morts. D'autres sont devenus sourds, stériles, fous.* (Toulat)

Dom Helder dénonce ensuite toutes les formes de violence, en particulier les structures injustes qui oppriment les Brésiliens. Même s'il respecte ceux qui choisissent de répondre par la violence, lui s'y oppose. Le recours à la force pour faire respecter les droits de l'homme et promouvoir les masses équivaut à employer les mêmes moyens que ceux que l'on dénonce. La violence ne peut qu'engendrer la violence. «Seul l'amour construit. La haine et la violence ne font que détruire... C'est beaucoup plus difficile de dénoncer et de combattre les injustices sans tomber soi-même dans la haine, et sans prêcher la haine», dit-il.

Quand des jeunes, convaincus de l'efficacité de la riposte armée, viennent le rencontrer, Dom Helder leur fait part de sa conviction: la libération véritable ne s'obtient pas par la force. Plutôt que de leur parler de non-violence, il leur parle de la «violence des pacifiques».

*Je préfère mille fois l'expression de Roger Schutz: «la violence des pacifiques», ou n'importe quelle définition qui fasse bien comprendre la différence avec le «passivisme». Comment espérer que les jeunes renoncent à la violence armée si on ne leur offre pas en échange quelque chose de fort, d'efficace, qui permette d'obtenir des résultats concrets?* (De Broucker)

Si la violence n'est pas la solution, alors, que faire? Selon Dom Helder, il faut d'abord conscientiser le peuple, c'est-à-dire le rendre plus conscient de sa dignité et de ses droits. Ensuite seulement — et pas avant! — uni par une faim et une soif communes de justice, le peuple pourra chercher et établir des objectifs sociaux ainsi que les moyens non-violents appropriés à leur réalisation.

*Je ne crois pas à la violence, je ne crois pas en la haine. Je ne crois pas dans les insurrections armées. Elles sont trop rapides: elles changent les hommes mais n'ont pas le temps de changer les mentalités. Ce que nous voulons, c'est secouer les structures mentales, «révolutionner» les consciences, changer les volontés [...] Je crois à la violence des pacifiques, à la pression morale libératrice,* écrit Dom Helder.

Ses modèles d'actions non-violentes sont Martin Luther King et Gandhi. Les pressions morales libératrices qu'il privilégie sont essentiellement la non-collaboration et la désobéissance civile. «Aucun pouvoir ne peut se maintenir longtemps, même par les armes, contre une population qui, dans son ensemble, refuse d'obéir et reconnaît un autre pouvoir.» Mais avant de faire pression sur le gouvernement pour obtenir la réforme des structures injustes, Dom Helder rappelle que la libération intérieure doit être la première démarche. «Comment celui qui est esclave de lui-même peut-il libérer les autres?»

Une autre stratégie non-violente est le dialogue avec le peuple, avec les leaders naturels et même avec certains militaires, «pour chercher à les rallier au combat pour la justice.» Par les pression morales, Dom Helder cherche avant tout à obtenir une transformation des mentalités qui amènera un changement des structures injustes. Son expérience lui révèle que la libération des structures périmées ne viendra pas des institutions ou du sommet. Elle viendra de la base, du regroupement des minorités.

*Je dois reconnaître que les institutions, en tant qu'institutions, sont des masses trop lourdes. Il n'est pas facile de mobiliser même une seule université; il est impossible d'en mobiliser plusieurs. Et c'est la même chose pour les religions, les syndicats...*
(De Broucker)

C'est au cours de ses nombreux voyages, et de ses engagements auprès des pauvres de son pays, que Dom Helder a découvert les minorités. Ces personnes assoiffées et affamées de justice et de paix constituent son espérance en une terre meilleure. «Je ne dis pas qu'on arrivera à réaliser le paradis sur la terre mais, génération après génération, on arrivera à créer un monde plus respirable, plus juste, plus humain.» En contrepartie, la difficulté à secouer et à mobiliser les institutions constitue, pour lui, un demi-échec.

*Le travail de conscientisation, la défense des droits de l'homme ne sont pas le monopole d'un seul homme, ni même d'un mouvement. C'est un souffle qui parcourt le Brésil, l'Amérique latine, le monde entier, partout où il y a des minorités, des communautés de base. Et c'est là l'espérance. Pas seulement pour l'Église, mais pour l'humanité.* (Dom Helder)

## Une mystique du développement

Les déclarations de Dom Helder dans sa conférence de Paris en 1970 sont très mal reçues par le gouvernement brésilien. À partir du moment où il a dénoncé ouvertement la torture et les structures oppressives, il est devenu l'une des cibles privilégiées du régime militaire. Dès lors, il est considéré comme un subversif, un communiste déguisé en archevêque. Une campagne de calomnie et de médisance s'organise contre lui afin de le faire taire, de l'isoler et de lui enlever toute crédibilité. «Mgr Camara diffame le Brésil à l'étranger», titre le *Jornal da Tarde*, de São Paulo, à son retour au pays. «Il passe son temps à voyager à l'étranger», lance une mauvaise langue.

*Il m'était absolument interdit de faire paraître dans aucun journal, dans aucune revue, sur aucune chaîne de radio ou de télévision, le moindre rectificatif, la moindre défense. Après, on a pensé que c'était encore trop que de faire de moi une victime. Il a alors été interdit même de citer mon nom. J'étais, je suis condamné à la mort civile. Je n'existe pas. Mais j'accepte.* (De Broucker)

Un jour, accablé par toutes les fausses accusations de subversion, de marxisme et d'«archevêque rouge» qui sont lancées contre lui, Dom Helder rencontre un général pour tenter de s'expliquer: «Quand je soulage la faim des pauvres, on dit que je suis un saint. Quand je demande pourquoi ils ont faim, on m'accuse d'être communiste!»

Camara comprend alors la signification profonde d'un aphorisme du Concile: «L'Église servante et pauvre». Au temps de Vatican II, il pensait la pauvreté en terme de dépouillement des richesses matérielles. «Je ne savais pas encore que la vraie pauvreté, ce n'est pas celle que nous choisissons.» C'est celle que Dieu choisit pour nous!

*À la fin du Concile, je jouissais d'une grande renommée dans mon pays. J'étais l'intime des grands, du président, des ministres, du maire de Rio de Janeiro. On parlait de moi; il y avait ma photo dans les journaux, dans toutes les revues. Je faisais des émissions très populaires à la radio, à la télévision. Le Seigneur, qui avait découvert qu'il y avait au plus profond de moi-même le désir de la pauvreté, s'est chargé de m'arracher cette richesse du prestige. Brusquement, je suis tombé à moins que zéro.* (De Broucker)

Dom Helder sait qu'au Brésil la neutralité politique est en pratique très difficile, voire impossible, surtout dans les secteurs et les régions où les injustices sont flagrantes. Dans ce contexte, si l'Église ne s'engage pas à défendre les pauvres et les opprimés, elle choisit, par son silence même, le parti des riches seigneurs terriens et des oppresseurs. Pour lui, la place de l'Église ne saurait être ailleurs qu'à côté des pauvres et des sans-voix. Du pape aux laïcs, l'Église doit être pensée «seulement en termes de service et d'amour.» En ce sens, l'Église n'a d'autre rôle que de prendre la succession du Christ, c'est-à-dire d'incarner l'Évangile au service de tout l'humain et de tous les êtres humains.

*Voilà la difficile et radieuse pauvreté que Dieu demande aujourd'hui à l'Église de son Fils : rompre tout compromis avec les gouvernements et les puissants et s'engager au service des pauvres, des opprimés, des sans-rien, des fils de Dieu qui mènent une vie infra-humaine.* (Suenens et Dom Helder)

Ainsi, il est du devoir de tout chrétien, par fidélité à Jésus Christ, d'être présent dans le monde «partout où règnent l'injustice et la souffrance des hommes et de contribuer de tout son pouvoir à assainir la société», soutient Dom Helder. Un christianisme authentique n'invite pas à déserter le monde; au contraire, il convie les chrétiens à travailler à la libération de tout ce qui déshumanise les êtres humains : maladie, injustices sociales, misère, sous-développement, chômage... De cette façon, l'Église travaille à promouvoir l'avènement d'une société plus humaine.

*Le mot « libération » est un mot biblique. Quand le peuple hébreu était écrasé en Égypte, sous le règne du pharaon, il a crié vers le Seigneur. Et le Seigneur a entendu son cri; pour le libérer, il a suscité Moïse. Comment croire que, de nos jours où les deux tiers des fils de Dieu vivent dans la misère, le Seigneur reste sourd à la clameur de son peuple?* (Toulat)

Le défenseur des sans-voix n'a jamais cessé d'inviter les chrétiens de son pays à être les témoins véritables du Concile, c'est-à-dire à être des chrétiens non seulement de nom mais aussi de fait. Des chrétiens engagés à changer les structures économiques, psycho-sociales et mentales du Brésil et de l'Amérique latine. «Le christianisme authentique porte en lui une belle et forte mystique du développement», affirme Dom Helder.

À l'exemple de Jésus, Dom Helder aime enseigner à partir de paraboles. Voici l'histoire racontée par le président Vargas afin de stimuler les habitants du Maranhao, et dont se sert Camara pour étoffer sa mystique du service:

*Il y avait deux charretiers. L'un et l'autre conduisaient leur véhicule bien chargé. Les chemins étaient boueux et les deux charrettes s'embourbèrent. Le premier tomba à genoux et demanda à Dieu son aide: il pria, pria, tout en regardant le ciel. Pendant ce temps, l'autre blasphémait et faisait tout pour dégager son véhicule. Et voilà que descendit un ange du ciel qui s'approcha du charretier blasphémateur. Celui-ci, confus, s'exclama: «Voyons, il doit y avoir une erreur; votre aide est certainement destinée à l'autre.» L'ange répondit: «Pas du tout, c'est toi que je suis venu aider; Dieu aide celui qui travaille.»*

De cette parabole des temps modernes, Dom Helder tire une grande leçon: «Celui qui s'en remet à Dieu pour tout, qui se contente de prier et de faire des promesses, sans consentir le moindre effort, n'a pas compris ce qu'est le christianisme.» Cela ne veut pas dire que la prière soit sans importance! Mais la prière ne doit pas devenir un alibi ou une excuse à l'inaction humaine. «Il faut prier et agir tout à la fois». La prière permet de se «brancher» sur Dieu. «Sans prière, pas de courant, pas de respiration chrétienne... En un rien de temps, je resterai vide, sans rien avoir à offrir à mes frères et au Seigneur», avoue-t-il.

Depuis son ordination en 1931, Dom Helder bénéfice d'une facilité naturelle de se réveiller à deux heures du matin pour prier; il se rendort sans peine à quatre heures. Ces deux heures de prière lui font dire: «Nous commettons une énorme injustice envers notre âme si nous ne lui donnons pas l'occasion de se refaire, de même que, la nuit venue, nous accordons du repos à notre corps.» La prière du cardinal Newman lui monte très souvent aux lèvres:

*Seigneur Jésus, ne reste pas tellement caché au-dedans de moi! Regarde par mes yeux, écoute par mes oreilles, parle par mes lèvres, donne-toi par mes mains, marche par mes pieds... Que ma pauvre présence humaine rappelle au moins de loin ta divine présence.*

Pour l'apôtre des pauvres, la prière est indispensable à l'engagement social. «L'amour de Dieu véritable doit passer, comme un débordement, dans l'amour du prochain», aime-t-il répéter. En ce sens, un christianisme authentique conduit à une mystique du développement. À la base de cette mystique, il y a la certitude que Dieu existe et qu'Il peut intervenir dans le cours de la création. De plus, l'être humain a été chargé de dominer la terre et de poursuivre la création que Dieu a commencée — et non achevée! Ainsi, l'engagement social authentifie une foi adulte.

*Il ne nous servira à rien de vénérer de belles images du Christ et même il ne suffira pas de s'arrêter devant les pauvres et de reconnaître en eux la face défigurée du Sauveur, si nous n'identifions pas le Christ et la créature humaine qu'il faut arracher au sous-développement.* (Dom Helder)

La mystique du service ou du développement n'a d'autre but que d'arracher les êtres humains à leur condition de sous-humanité. Sans pour autant jouer au technicien ou au spécialiste, les chrétiens engagés assurent une présence qui encourage tous ceux qui luttent pour la promotion humaine des masses. La présence de chrétiens n'enlève pas au gouvernement la responsabilité de venir en aide aux pauvres par une véritable politique du développement, voire même par une réforme de base.

«Le développement est un moyen au service d'une fin qui est l'homme en marche vers Dieu», dit Dom Helder. C'est donc un devoir humain et chrétien de travailler à la promotion des droits de l'homme et, par le fait même, au développement des pays pauvres. C'est la conclusion à laquelle sont arrivées plusieurs conférences épiscopales latino-américaines, dont celle de Puebla ouverte par le pape Jean-Paul II, en février 1979:

*L'Église considère comme un devoir et comme un droit d'être présente dans ce secteur de la vie, parce que le christianisme doit évangéliser la totalité de l'existence humaine, y compris la di-*

*mension politique. Pour cette raison, elle critique tous ceux qui cherchent à réduire l'espace de la foi à la vie personnelle et familiale, en l'excluant de l'ordre professionnel, économique, social et politique...*

## Co-créateur d'un monde plus humain

La mystique du développement de Dom Helder s'appuie sur une théologie de la création, c'est-à-dire sur la vision de l'homme créateur à l'image et à la ressemblance de Dieu. L'être humain doit se servir de son intelligence, de son honnêteté et de son imagination pour maîtriser la nature et la mettre au service de l'humanité tout entière. Pour Camara, la vocation humaine est de poursuivre la création commencée par Dieu:

*Je ne crains pas le progrès, je ne crains pas la technique. Simplement, je n'accepte pas que le progrès technique profite seulement à des groupes privilégiés toujours plus restreints. Je rêve de la socialisation du progrès technique, au service de toute l'humanité [...] Car l'égoïsme humain rend cruel le progrès.*

Puisque Dieu a chargé l'homme de dompter la nature et d'achever l'œuvre créatrice, l'être humain se révèle «co-créateur» avec Dieu. Aujourd'hui, grâce entre autres à l'essor prodigieux des sciences humaines, nous connaissons les causes de la pauvreté, des injustices sociales et des fléaux naturels. Ainsi, l'homme moderne peut s'attaquer de front aux causes des maux qui sévissent sur notre planète; telle est sa mission.

*Il revient aux humains de vaincre la sécheresse et d'empêcher les inondations, de surmonter les fléaux de la nature et de guérir les maladies. Cela ne diminue en rien la puissance divine; bien au contraire, cela la fait ressortir [...] Pour ces raisons, le développement est pour nous un combat sacré et sans limites,* écrit Dom Helder.

Dom Helder déplore que certains chrétiens s'affligent à tort de voir l'homme maîtriser la nature et envahir des domaines jadis réservés à Dieu: désintégration de l'atome, conquête de l'espace, réalisation de mutations génétiques, développement de la science et de la technique... «Les vrais chrétiens n'ont pas peur des prodiges nés de l'intelligence de l'homme», dit-il.

*L'Église de Vatican II a appris de Dieu à avoir confiance en l'homme. Loin de le juger arrogant et audacieux, loin de s'irriter lorsqu'elle le voit se lancer avec un incroyable aplomb dans toutes les directions, l'Église exulte et proclame qu'en agissant de la sorte l'homme ne fait qu'obéir à l'ordre divin de dominer la nature et de compléter l'œuvre créatrice.* (Dom Helder)

C'est la mission des hommes de se servir de leur liberté pour dénoncer les mécanismes qui engendrent le paupérisme et le sous-développement, et de lutter contre eux. Ainsi, ils créent un monde plus humain. Le cardinal Suenens affirme:

*Si les chrétiens charismatiques et évangéliques s'engageaient vraiment ensemble, comme il se doit, au service de Dieu et de sa justice, au cœur du monde où ils vivent, ils représenteraient une force plus radicale et plus rédemptrice que n'importe quel groupe révolutionnaire [...]*
*Il faut donner aux hommes à la fois des moyens de vivre et des raisons de vivre. Un de ces devoirs ne dispense pas de l'autre.*
(Suenens et Dom Helder)

Pour cela, il faut plus qu'une simple aide aux pays sous-développés. Il faut réexaminer en profondeur la politique du commerce international parce qu'elle est au cœur du problème. Si les pays riches payaient un prix équitable pour les produits naturels qu'ils achètent aux pays pauvres, l'aide à ces pays serait alors superflue.

Le secours financier le plus généreux émanant de certains pays développés n'a jamais dépassé un pour cent de leur produit national brut. Mais, fait plus grave, les pays riches reprennent d'une main, au centuple, ce qu'ils donnent de l'autre. Autrement dit, les sommes faramineuses rapatriées par les pays développés dépassent de très loin l'argent «donné» aux pays sous-développés, à tel point que l'on constate «cette absurdité : c'est l'Amérique latine qui aide l'Amérique du Nord [...] Il y a une saignée permanente des pays pauvres.» Dans les années soixante, l'Amérique latine a subi une saignée de treize milliards de dollars!

*Le problème économique le plus grave de notre époque consiste dans l'impérieuse nécessité de revoir les relations établies entre les pays développés et les autres. Tant que ceux-là penseront les problèmes en termes d'aide, tant qu'ils ne se convaincront pas qu'il y a, à l'échelle du monde, une question de justice à laquelle il faut répondre, il n'y aura entre les peuples aucune paix possible.* (Dom Helder)

Ainsi, selon Dom Helder, la véritable solution au sous-développement ne relève pas tant du secours financier extérieur que de l'instauration d'une justice dans la politique du commerce international. Et l'établissement d'une justice à l'échelle mondiale, c'est l'affaire des hommes! «Nous n'avons pas le droit de rejeter sur Dieu ce qui touche à l'injustice; c'est à nous de la supprimer», affirme-t-il.

N'est-ce pas une insulte au Père que 20% de l'humanité jouissent de plus de 80% de la production mondiale? Que les deux tiers de l'humanité souffrent et meurent de malnutrition? S'il y a eu une époque où l'homme se considérait le jouet de la fatalité divine, il est aujourd'hui de plus en plus maître de son destin et de son histoire. En ce sens, la misère humaine est une insulte au Créateur.

*Nous sommes arrivés à un des plus dramatiques tournants de l'histoire: de nos jours, l'homme est capable de vaincre la misère et d'assurer à toute l'humanité un niveau de vie comparable avec la dignité humaine. Si l'égoïsme triomphe, nous tomberons dans le chaos. S'il est vaincu, nous créerons une civilisation harmonieuse et solidaire.* (Dom Helder)

Pour l'avocat du tiers-monde, les pays démocratiques doivent développer une attitude essentielle: le dialogue entre le développement et le sous-développement. Mais aucun véritable dialogue entre les pays riches et les autres ne peut s'établir si les premiers ne comprennent pas le point de vue des pays pauvres. Les pays riches doivent penser le développement «en termes de communauté, de participation créatrice et d'animation; sans cela, il n'y aura pas de progrès réel [...] car l'humain vit aussi de dignité, de responsabilité et de liberté», dit-il.

*Le principe-clé de tout redressement de la situation dans les pays dits sous-développés, c'est qu'il ne suffit pas de travailler pour le peuple mais avec le peuple, de susciter ses initiatives et de l'aider à se suffire. «Aide-moi à me passer de ton aide»: c'est l'appel de l'enfant qui veut grandir, c'est la loi de toute pédagogie.*
(Dom Helder)

## Question de justice

Pour Dom Helder, le plus grave problème social de notre siècle est l'écart croissant entre les pays développés qui ne cessent de s'enrichir et les autres qui ne cessent de s'appauvrir. Cette situation d'injustice ne plonge pas seulement ses racines dans les pays riches mais aussi dans une couche privilégiée de la population des pays pauvres. Au Brésil subsiste toujours un colonialisme économique, interne et externe.

*L'égoïsme n'est malheureusement pas le monopole des pays développés. Le monde sous-développé vit encore au Moyen Âge. Sauf quelques honorables exceptions, les maîtres s'y comportent encore comme des seigneurs féodaux. L'ère colonialiste est politiquement et officiellement close mais, dans les pays sous-déve-*

*loppés, survit un colonialisme interne qui favorise l'enrichisse-*
*ment facile et rapide au détriment des masses opprimées.*
(Dom Helder)

Le défenseur des pauvres ne cesse de dénoncer la minorité de puissants seigneurs brésiliens qui maintiennent leurs richesses aux dépens de la misère de leurs frères. «Cela constitue une forme subtile d'esclavage», dit-il. Si officiellement l'esclavage a été aboli au Brésil le 13 mai 1888, il se poursuit de nos jours sous une forme nouvelle. Des paysans vivent dans une situation sous-humaine et se sentent réduits à l'esclavage. Les grands propriétaires terriens contrôlent tout. Ils permettent à ces pauvres et à leurs familles de vivre sur leurs immenses domaines dans des masures mises à leur disposition. Mais, explique-t-il :

*Le patron estime que c'est son droit de payer le salaire qu'il veut et comme il veut, car il fait déjà à ses paysans l'immense faveur de leur concéder un logement, du travail et un petit lopin de terre qu'ils peuvent cultiver pour leurs propres besoins. Si donc, un jour, ces travailleurs ruraux cherchent à devenir des hommes, s'intéressent à ces nouveautés qui s'appellent écoles radiophoniques, syndicats, droits sociaux, le patron y verra des motifs d'alarme et criera à la subversion sinon au communisme. Il chassera alors les paysans de ses terres.* (Dom Helder)

Afin de sortir les paysans de la misère, Camara propose de compléter l'indépendance politique du Brésil par l'indépendance économique, non seulement de certaines couches sociales, mais de tous les Brésiliens. «L'indépendance politique sans indépendance économique, ce n'est pas vraiment la libération», dit Camara. Cette indépendance économique du Brésil et de l'Amérique latine en général serait possible à condition de transformer les structures socio-économiques injustes en structures équitables.

*Sinon, nous ne pouvons pas dire qu'il n'y a plus d'esclaves dans notre pays et sur notre continent [...]*
*Des réformes superficielles ne suffisent pas. Beaucoup de gouvernements d'Amérique latine, parfois sans le savoir et sans le vouloir, préparent l'explosion de la pire des bombes, pire que la bombe A : la bombe M, la bombe de la misère.* (Toulat)

L'établissement de structures justes suppose un partage des terres, c'est-à-dire une réforme agraire en profondeur. Car même si le Brésil possède les plus grands territoires cultivables encore vierges au monde, ils sont cependant détenus par seulement 8% de sa population. «La propriété, c'est le plus grand dogme pour nos bons catholiques», dit Camara.

Dans ce contexte, l'Amérique latine n'a pas besoin d'une révolution armée ou d'un coup d'État, mais d'un changement radical des mentalités. Pour Dom Helder, un tel changement exige une action de l'Esprit et une campagne de sensibilisation mondiale sur leur situation actuelle. «La terre est un don de Dieu. Non pour l'Argent, mais pour l'Homme. Non pour être accaparée, mais pour être partagée», dit-il. Camara est dans la ligne de pensée du pape Paul VI qui affirmait :

*La propriété privée ne constitue pour personne un droit inconditionnel et absolu. La terre a été donnée à tous et non seulement aux riches. Personne n'a le droit de garder pour son usage exclusif ce qui est superflu, alors que d'autres manquent du nécessaire.*

Le christianisme ne rejette pas pour autant le droit à la propriété; il affirme avant tout «le droit fondamental de tous à l'usage des biens matériels.» Se basant sur ce droit, il dénonce fermement les mentalités égoïstes et les structures injustes qui font que seule une minorité de privilégiés vit dans des conditions de décence et d'humanité.

Sans l'instauration d'une justice à l'échelle mondiale, il est irréaliste de vouloir la paix entre les hommes et les pays. De plus, pour abolir la séparation croissante entre le monde développé et l'autre, il faut dire «non» à la guerre, car celle-ci et le sous-développement sont les deux «folies majeures qui s'aggravent et se complètent», dit Dom Helder.

*Le développement est le nouveau nom de la paix. Et nous savons qu'il n'y aura pas de paix sans justice et que c'est précisément celle-ci qui fait défaut dans les relations entre les pays riches et les pays pauvres [...]*
*Il faut que l'humanité finisse par mettre hors la loi toute guerre et par là signifier, qu'au seuil du XXIᵉ siècle, le sous-développement est indigne de l'homme.* (Dom Helder)

En 1986, le budget que les nations consacraient à la guerre s'élevait à mille milliards de dollars! En disant «non» à la guerre, Dom Helder dit aussi «non» à ses trois principales ramifications: la course au surarmement, l'arsenal atomique et le commerce des armes.

Il juge scandaleux le commerce des armes, car celui-ci entraîne les pays pauvres à engloutir leur produit national brut et, pire, à s'endetter. Une spirale de la folie fait que les pays riches ne peuvent rentabiliser leur fabrication d'armes qu'à condition d'en vendre à d'autres pays souvent plus pauvres.

Les pays riches engagent les pays en voie de développement dans une minicourse à l'armement pour assurer leur «Sécurité nationale». Les pays pauvres ne peuvent alors plus assurer le minimum vital à leur peuple. «On commence par fabriquer des armes pour se défendre, puis on commence à vendre des armes pour pouvoir continuer à en fabriquer, et puis on en arrive à fabriquer des guerres pour pouvoir continuer à vendre des armes», souligne Camara.

*Quand tant de peuples ont faim, quand tant de foyers souffrent de la misère, quand tant d'hommes demeurent plongés dans l'ignorance, quand tant d'écoles, d'hôpitaux, d'habitations dignes de ce nom demeurent à construire [...] toute course épui-*

*sante aux armements devient un scandale intolérable*, écrit Paul VI dans son encyclique *Populorum progressio*.

Venu à Paris recevoir un doctorat honorifique de l'université de la Sorbonne, Dom Helder en profite pour proposer deux solutions concrètes afin de bannir la guerre. La première serait de créer une École de la paix où, en groupe interdisciplinaire, les chercheurs étudieraient les possibilités pour transformer l'industrie de la guerre en œuvre de paix. La seconde solution consisterait à élaborer des mécanismes pour établir une justice dans la politique du commerce international. Comme le disait Paul VI : «Si tu veux la paix, prépare la paix!»

En suivant une telle politique de paix et de justice, le Brésil pourrait passer d'un niveau de vie «moins humain» à un niveau de vie «plus humain». Par niveau de vie moins humain, Dom Helder entend tout ce qui touche aux structures socio-économiques injustes; par exemple, la richesse excessive d'une minorité au détriment de la majorité paupérisée, et les abus de pouvoir. Par niveau de vie plus humain, il désigne les conditions essentielles pour vivre dans la dignité: soins de santé, nourriture, éducation, habillement, habitation et besoins spirituels.

Aider les Brésiliens à accéder à un niveau de vie plus humain, tel est le combat majeur du défenseur des sans-voix. Cela suppose que toute la population et toutes les régions soient intégrées à la vie nationale, c'est-à-dire que le Brésil développé vienne en aide au Brésil pauvre «au nom de la fraternité, contre l'égoïsme, pour la paix sociale et l'unité nationale.» Alors le Brésil, qui est une sorte de synthèse du monde avec son Sud riche et son Nord pauvre, pourrait servir de modèle de développement et de fraternité aux autres pays.

*Nous voulons un Brésil uni et entier, dont aucune partie ne soit abandonnée à son propre sort et dont aucun des fils ne soit laissé pour compte [...].*
*Il revient donc au gouvernement d'entreprendre la réforme ad-*

*ministrative qu'il juge nécessaire. Je suis dépourvu d'intention personnelle; je ne veux être que la voix de ceux qui ne peuvent se faire entendre. Peu importe donc quel organisme se chargera de cette réforme. Je souhaite simplement qu'elle se fasse vraiment, puisqu'en dépend la réforme agraire,* écrit Dom Helder.

## Une retraite active

En 1984, après 53 ans de vie sacerdotale, Dom Helder arrive à la limite canonique des 75 ans. Il offre alors sa démission comme archevêque au pape Jean-Paul II qui l'accepte l'année suivante. Le pape ajoute:

— Vous prendrez votre retraite pour le diocèse, mais pas pour les voyages; puisque le Seigneur vous a gardé la santé et la tête, vous devez continuer.

— Je poursuivrai donc ma mission: prêcher la paix à travers la justice et l'amour, répond Camara.

*La grande ambition de ma vie a toujours été de correspondre le plus près possible à ce qui m'est apparu comme la volonté de Dieu sur moi. Le jour où j'arriverai dans l'éternité, j'aimerais pouvoir comparer, dans une main, le plan de Dieu, et dans l'autre, ma vie tout entière. Ah! que je serais heureux si, malgré mes faiblesses, il y avait correspondance!* (Toulat)

Sa mission, Dom Helder s'en est bien acquitté en parole et en acte. «Cet homme n'a jamais dit du mal d'autrui», disent ses proches. Combien de fois a-t-il rappelé à ses interlocuteurs que, dans son cœur, il n'y avait aucune trace de haine? «L'idéal, ce serait d'entendre le Seigneur me dire, au jour du jugement: "Toi, tu ne seras pas jugé, parce que tu as évité de juger tes frères".»

Mais peu importe le temps qu'il lui reste à vivre. L'apôtre des sans-voix ne demande pas au Seigneur de lui donner une longévité exceptionnelle, mais de l'aider à bien employer le temps qu'il lui accorde. «La vie, ce n'est pas un problème de longueur», affirme-t-il. À ceux qui lui demandent si l'imminence de la mort lui fait peur, il répond:

> *La mort ne me préoccupe pas. Non que je me juge sans péché, mais j'ai pour devise: « In manus tuas ». Entre les mains du Père, j'arrive à me livrer avec une totale confiance. Lui, qui me connaît mieux que je ne me connais, sait bien qu'il y a en moi beaucoup plus de faiblesse que de malignité. Et sa miséricorde est infiniment plus grande que mes faiblesses. Cela me donne une immense espérance.* (Toulat)

# L'apôtre des lépreux

*Raoul Follereau*
*(1903-1977)*

# L'APÔTRE DES LÉPREUX

*« Voir, dans tout être humain, un homme,
et, dans tout homme, un frère : Jeunesse du
monde, voilà votre loi. »*

*« Personne n'a le droit d'être heureux tout
seul. »*

Raoul Follereau

En 1948, Follereau entreprenait le premier de ses innombrables voyages qui l'ont conduit aux quatre coins du monde. Les Américains l'ont surnommé le *Vagabond de la charité* ! Peu importe où il allait, il annonçait infatigablement cette bonne nouvelle : « La lèpre est guérissable ». Son désir ardent était de guérir les diverses communautés de leur peur ancestrale de la maladie et ainsi créer un mouvement d'amitié, de réconfort et de solidarité visant la réinsertion sociale des lépreux.

Son tout premier voyage l'a conduit au cœur du Pacifique, à Hawaï, plus précisément sur l'Île de Molokaï. Quand la lèpre était apparue dans ce royaume paradisiaque, le roi avait fait chasser tous les lépreux sur cette île. Un millier d'hommes, de femmes et d'enfants y pourrissaient lentement en attendant que la mort les délivre de leur atroce misère. C'est là que le Père Damien avait œuvré jusqu'à sa mort causée par la lèpre. À sa suite, Follereau est devenu l'apôtre des lépreux.

*Des lépreux? J'en ai trouvé en prison, chez les fous, enfermés dans un cimetière désaffecté, ou bien encore parqués dans le désert, entourés de fils de fer barbelés, avec miradors et mitrailleuses.*

*Des lépreux? J'en ai vu nus, affamés, hurlants, désespérés. J'ai vu leurs plaies grouillantes de mouches, leurs taudis infects, les pharmacies vides, et les gardiens avec leur fusil. J'ai vu un monde inimaginable d'horreurs, de douleurs et de désespoir,* écrit Follereau.

De 1948 à 1954, le Vagabond a exploré presque tous les coins infects de la planète où se terraient les lépreux : l'Amérique latine, les Antilles, l'Afrique, le Japon, le Vietnam, l'Irak, la Thaïlande, l'Égypte... Ses connaissances acquises sur le terrain lui ont permis de donner des bases solides à sa campagne de conscientisation à la situation des lépreux. Il est alors devenu l'âme d'un vaste mouvement mondial dont l'objectif était «la bataille de la lèpre», comme il aimait le dire.

Dans la lutte contre l'esprit de ségrégation qui excluait les lépreux de la société et contre la peur déshumanisante des bien portants, Follereau, écrivain, journaliste, conférencier et poète, tenait un discours contestataire et avait une conduite carrément révolutionnaire : le baiser aux lépreux.

*Je l'ai dit cent et mille fois, je ne suis pas médecin. Je ne pouvais pas les soigner. Mais je pouvais les aimer. Pendant vingt ans, j'ai parcouru le monde en leur tendant les mains et en les embrassant [...] Cela, encore une fois, ne les a pas guéris, mais cela a pu guérir les bien portants de la peur des lépreux.*

L'apôtre des lépreux a raconté combien, parfois, il lui a été difficile d'embrasser un lépreux, car il arrivait que les malades étaient enfermés comme de dangereux criminels. Dans une léproserie, on lui a présenté une lépreuse dont il a essayé de toucher les mains.

*«Défendu», me dit-elle d'un ton indéfinissable. Le directeur est bien embarrassé. Comme je ne suis pas, ce matin, d'humeur très facile, je lui dis ce que je pense de ce stupide enfantillage. Et*

*j'enchaîne : «Est-ce que le règlement défend aussi de les embras-*
*ser?» Victoire! Le règlement n'a pas osé prévoir le cas! Alors je*
*prends Stella par le cou... Les autres aussitôt se disputent à qui*
*sera le plus près de moi.* (Follereau)

Les véritables révolutions — celles qui changent le cœur
des hommes — ne se font que dans l'amour et dans la non-violence. Tendre la main à des lépreux et les embrasser, voilà des
gestes d'une portée révolutionnaire. «Je suis un homme, ils
m'ont serré la main», dit un jour un lépreux. Dans les années
1950, les lépreux passaient pour les excommuniés de la terre
des hommes. À un journaliste qui lui demandait quel était son
plus beau souvenir, Follereau a répondu :

*S'il fallait choisir, peut-être citerais-je ma visite à cette léproserie*
*d'Orient, cernée par des barbelés, avec mitrailleuses et miradors*
*aux quatre coins : un vrai camp de concentration. Au terme d'un*
*long voyage, j'y arrivai les mains vides. Comme je m'excusais*
*auprès des malades, le chef du village m'interrompit : «Peu*
*importe que tu n'aies rien apporté; puisque toi, tu as osé venir*
*jusqu'à nous, touche-nous seulement les mains.» [...] Ils rece-*
*vaient à travers ma poignée de main un témoignage d'homme à*
*homme qui leur rendait le sentiment de leur dignité bafouée.*

Rendre aux lépreux le sentiment de leur dignité humaine,
leur faire comprendre en profondeur qu'ils sont aimés des
hommes et aimés de Dieu: tel a été le défi de l'apôtre des
lépreux. Il s'offusquait quand, après avoir touché les lépreux,
un aide voulait lui désinfecter les mains avec de l'alcool. Ce
geste revenait à dire poliment aux lépreux: «Vous êtes un
danger pour les bien portants que nous sommes.»

## Le brillant littéraire

Deuxième de trois enfants, Raoul Follereau est né le 17 août
1903, à Nevers, dans la belle région de la Loire, en France. Il

avouera plus tard avoir vécu dans une famille aisée et heureuse. Son père, Aimé, est un industriel qui administre une usine de métallurgie spécialisée dans la construction. Raoul a onze ans quand son père est appelé sous les drapeaux, en 1914; il ne le reverra jamais plus.

Sa mère, Pauline, prend alors les commandes de l'industrie de constructions métalliques. Mais elle rêve de voir un jour son fils Raoul la remplacer à la direction de l'usine. Elle décide donc de l'envoyer à l'école professionnelle. Pour Raoul, l'abandon de ses études au lycée l'attriste un peu car, depuis sa jeunesse, il a montré de grandes dispositions pour la littérature. Il a d'ailleurs composé quelques jolis poèmes; il en écrira toute sa vie. Malgré sa nouvelle orientation estudiantine, il continue d'être un bon vivant qui déborde de brillantes idées.

En 1918, à l'âge de quinze ans, le poète en herbe donne une conférence sur le thème: «Dieu est amour». Par ce moyen, il cherche à amasser des fonds pour les œuvres de charité des Petites Sœurs. Deux ans plus tard, en 1920, il publie un opuscule: *Le livre d'amour*. À dix-sept ans, il y expose sa propre philosophie visant à éviter les guerres fratricides, les conflits violents et la haine qui les alimente:

*Vivre, c'est aider à vivre [...] être heureux, c'est faire des heureux [...]. Vous tous, les déshérités, les sans-gloire, les sans-fortune, les sans-maison, les sans-espoir, vous que tous méprisent ou dédaignent, venez à moi: je vous aime!*

L'idéal d'amour qui a imprégné la jeunesse de Raoul guidera et soutiendra ses pas tout au long de son existence. Au crépuscule de sa vie, il écrit: «"Personne n'a le droit d'être heureux tout seul." Le dire, le répéter, en nourrir le cœur de tous ceux que j'ai pu atteindre, tel a été le but de ma vie.»

À la fin de 1919, Raoul termine la première partie de son baccalauréat au collège St-Cyr de Nevers; il y poursuit ensuite une année de philosophie. En 1923, le jeune philosophe a déjà obtenu deux licences, l'une en lettres et l'autre en droit. Le 10 juin de la même année, il donne une nouvelle conférence sur le même sujet: «Dieu est amour». À l'automne 1923, le jeune bachelier entreprend son service militaire. Mais parce qu'il a été victime d'un malheureux accident dans son adolescence (jusqu'à la fin de sa vie, il devra marcher avec une canne), il est chargé entre autres de l'enseignement de la philosophie aux soldats de l'armée française.

Une fois son service militaire terminé, Raoul Follereau épouse Madelaine Boudou, le 22 juin 1925. Il l'avait rencontrée à Nevers, sept ans plus tôt, le jour de l'Armistice, alors qu'il recueillait des fonds pour les blessés de guerre en vendant des bouquets aux couleurs du drapeau français. Tous deux âgés de quinze ans, ils avaient pris l'engagement solennel d'unir leur vie en temps et lieu. Vers la fin de sa vie, il avoue dans une entrevue:

> La grande chance de ma vie, c'est ma femme... Elle a joué un rôle irremplaçable. En outre, je n'aurais jamais eu le courage de faire ce que j'ai fait si j'avais été seul. C'est à deux seulement que l'on est invincible.

À l'âge de 24 ans, la carrière littéraire de Follereau est lancée et semble pleine de promesses: ses poèmes sont interprétés à la Comédie-Française par la célèbre Madeleine Roch. Dans son enthousiasme de jeune homme, il fonde La Jeune Académie dans le but de faire découvrir des littéraires talentueux. Il fonde également l'Union Latine, rempart «contre tous les paganismes et toutes les barbaries» qui attaquaient la démocratie et la civilisation française.

Débordant d'enthousiasme, Follereau crée aussi l'œuvre du Livre Français afin de distribuer des milliers de volumes à tous les habitants francophones de la terre, et surtout à ceux d'Amérique Latine. L'Alliance française est chargée de distribuer le butin littéraire par l'intermédiaire de ses divisions réparties à travers la francophonie.

*L'Alliance française* envoie son principal fournisseur de livres, Raoul Follereau, en Amérique Latine dans le but de présenter une série de conférences sur la littérature. Le 7 octobre 1930, il prend le bateau à Bordeaux; le 26 du même mois, il débarque dans le port principal du Brésil, Rio de Janeiro.

Du Brésil au Chili, du Pérou en Bolivie, le poète déjà célèbre effectue sa campagne littéraire sud-américaine. Dans toutes les villes où il donne des conférences, il en profite pour visiter les établissements français et rencontrer bon nombre de chefs d'État.

## Sur les traces du Père de Foucauld

En l'honneur du vingtième anniversaire de la mort du Père de Foucauld, le journal *La Nacion* demande à Follereau de rédiger quelques reportages sur la vie et la pensée de ce dernier. Aussitôt dit, aussitôt fait: il se retrouve dans le désert du Sahara, en 1936, à Tamanrasset, sur les lieux mêmes où l'ermite a été assassiné.

Plus Raoul Follereau approfondit la pensée de Charles de Foucauld, plus celle-ci s'imprègne dans son cœur et dans son esprit. La même année, il organise un premier pèlerinage à El-Goléa, sur les lieux où repose encore aujourd'hui le corps du Père. À partir de ce moment, il met son talent d'orateur au service de la connaissance du «frère universel», tant en Amérique, en Afrique du Nord qu'en Europe.

Sur les traces de l'ermite, Follereau explore les confins du Sahara vers le nord-ouest de la grande boucle du Niger: Tombouctou. Entre ce point de départ des caravanes et Goa, l'autochenille s'arrête pour faire le plein de carburant aux abords d'un village. Là, pour la première fois de sa paisible existence, il rencontre un groupe de lépreux s'enfuyant à l'approche de l'équipe. Il demande alors au guide:

*— Quels sont ces hommes?*
*— Des lépreux, m'a-t-il répondu.*
*— Pourquoi sont-ils là?*
*— Ils sont lépreux.*
*— J'entends bien. Mais ne seraient-ils pas mieux au village?*
*Qu'ont-ils fait pour être exclus?*
*— Ils sont lépreux, vous dis-je.*
*— Au moins, les soigne-t-on?*
*Alors mon interlocuteur haussa les épaules et me quitta sans rien*
*dire. C'est ce jour-là que j'ai compris qu'il existait un crime*
*impardonnable, promis à n'importe quel châtiment, un crime*
*sans recours et sans amnistie: la lèpre.*

La vie de Follereau n'est pas immédiatement chambardée par cette rencontre et par ce premier appel à se mettre au service des lépreux. Il poursuit sa brillante carrière de journaliste, de poète et de conférencier, avec un nouveau sujet de prédilection: «Ce que le monde doit à la France».

La Deuxième Guerre mondiale interrompt ses voyages littéraires. Il est mobilisé à Paris au service du contrôle téléphonique rattaché à la Présidence du Conseil. Mais à l'arrivée imminente de l'armée allemande, le 10 juin, le service déménage à Bordeaux.

Follereau reprend alors sa vie civile à Clermont-Ferrand. Il demeure en zone non occupée car, un an avant la déclaration de guerre de l'Allemagne, il avait fustigé Hitler dans un article de l'*Union Latine* où il le comparait au «visage de l'Antéchrist».

Tout se gâte rapidement quand les Allemands envahissent le sud de la France en novembre 1942. Follereau s'enfuit dans la région lyonnaise, à Vénissieux, se cacher chez les Sœurs de Notre-Dame des Apôtres. Trois ans auparavant, il avait écrit un ouvrage en deux volumes sur leurs œuvres, intitulé: *Sur les routes de la charité.*

La supérieure générale en profite pour parler longuement et passionnément à Follereau de son projet de créer un village où les lépreux de la Côte-d'Ivoire pourraient être soignés et vivre dans la dignité. Mais à cause de la guerre, l'argent manque. «Ma Mère, ne vous inquiétez pas, continuez votre œuvre; l'argent, je m'en charge», dit-il. Dans cette rencontre, il voit le second appel de Dieu à servir les lépreux.

Sans le sou, le futur apôtre des lépreux possède néanmoins un don précieux: le verbe facile. Orateur-né, il commence à donner une série de conférences afin de recueillir des fonds pour achever la construction de la léproserie à trois kilomètres du village d'Adzopé. Après sa première conférence, le 15 avril 1943 à Annecy, il visite tour à tour les villes de la région méridionales. Dans les dix années suivantes, il donnera plus de mille conférences en Europe, en Afrique du Nord et au Canada.

Malgré la guerre et l'imposition du couvre-feu, les gens affluent dans les salles et les théâtres municipaux pour se laisser pénétrer en profondeur par le message d'amour du Vagabond de la charité. À la fin de ses conférences, deux sœurs de Notre-Dame des Apôtres recueillent avec gratitude les dons des auditeurs. Les personnes donnent généreusement, car Follereau sait communiquer son amour pour les plus démunis de ce monde. Et qui sème l'amour récolte la charité! «On a le porte-monnaie vide, mais on a quelque chose dans le cœur», dit tout ému un auditeur. Les sommes recueillies sont envoyées directement de la maison mère de Vénissieux en Côte-d'Ivoire où le village des lépreux avance rapidement.

À l'image de la population mondiale, les habitants d'Adzopé ont peur de la contagion. Ils réussissent alors à obtenir du gouvernement ivoirien l'éloignement de la léproserie à quinze kilomètres de l'emplacement prévu dans le plan initial, en pleine forêt vierge! Après un travail de bêtes de somme pour défricher le terrain, le second village lépreux ouvre ses portes en juillet 1950. «La réalité naît du rêve», songe Follereau.

On sait que la lèpre, due au bacille de Hansen, est une maladie infectieuse facilement guérissable quand elle est soignée à temps, qu'elle est beaucoup moins contagieuse que nous le pensons, et qu'elle n'est pas héréditaire. Certains peuvent être contagieux; d'autres pas. La tâche première consiste donc en un diagnostic rapide de la maladie.

La Côte-d'Ivoire comptait 120 000 lépreux, répertoriés grâce à des équipes mobiles de dépistage de la maladie. Mais le traitement ambulatoire avait ses limites, d'où l'importance de la léproserie et de ses deux hôpitaux spécialisés pour les malades les plus atteints.

Dix-huit ans après l'ouverture de la seconde léproserie, le gouvernement de la Côte-d'Ivoire rendra un bel hommage à Raoul Follereau en baptisant le village d'Adzopé de son nom et en y créant l'Institut national de la lèpre. Cet institut est devenu aujourd'hui le centre nerveux des différents organismes luttant charitablement contre la lèpre. Il a aussi comme mission d'effectuer la réinsertion sociale des lépreux; cela constitue une première mondiale dans l'histoire.

Follereau a donc joué un rôle d'éveilleur de conscience. Ses conférences de sensibilisation sur la lèpre lui ont valu une multitude d'admirateurs demandant son aide pour une «bonne cause». Il a reçu des centaines de lettres de médecins, de missionnaires, de démunis et d'organismes de charité: «Et nous? Que ferez-vous pour nous?... Il n'y a pas qu'Adzopé au monde! Venez par ici et vous verrez...»

## La Journée Mondiale des Lépreux

Le 20 septembre 1952, soit dix ans après que Follereau ait engagé la bataille de la lèpre, il écrit à l'Organisation des Nations Unies (O.N.U.) afin de confronter tous les peuples de la terre à leurs responsabilités face à la ségrégation sociale dont sont victimes les lépreux: «Le monde à venir se scandalisera de la désinvolture avec laquelle notre génération laisse pourrir des millions d'êtres humains.»

Le 25 mai 1954, un vote unanime à l'Assemblée nationale conduit le gouvernement français à déposer à l'O.N.U. – au nom de R. Follereau – la demande qu'il avait adressée au même organisme en septembre 1952. L'objectif ultime consistait en l'élaboration d'un statut international des lépreux:

— *Obtenir que les malades de la lèpre soient soignés et traités comme tous les autres malades, en respectant leur dignité et leur liberté d'homme.*
— *Guérir les bien portants de la peur absurde, et parfois criminelle, qu'ils ont de cette maladie et de ceux qui en sont atteints.*

L'année précédente, l'idée d'une journée mondiale, consacrée à la sensibilisation de l'opinion publique en faveur des lépreux et servant à amasser des fonds pour les secourir, avait germé alors que Follereau discutait avec un prêtre à Nîmes. L'Abbé Balez venait d'écouter une de ses conférences quand il lui a suggéré d'organiser annuellement une journée de prière pour les plus démunis d'entre les démunis: les lépreux.

La journée choisie par Follereau correspondait au troisième dimanche ordinaire après la fête de l'Épiphanie; l'évangile y présentait le récit de la guérison d'un lépreux par Jésus (Mc 1, 40-45). Il a alors demandé aux responsables des léproseries de faire de cette journée une fête: «Vous vous y rendrez en foule et vous irez jusqu'à la case lointaine, isolée, misérable, où le malade dont notre égoïsme a fait un "lépreux" se cache encore parce qu'il a peur. Vous irez le délivrer par votre a-mour.»

*Il a fallu attendre le Christ pour voir quelqu'un qui tende les mains aux lépreux, qui sourie aux lépreux, qui guérisse les lépreux, et qui prenne le dernier repas de sa vie humaine, juste avant la Cène, chez cet homme qu'on appelait Simon le lépreux. Il a fallu que les derniers deviennent les premiers dans la maison du Père, et c'est ça la grande force du christianisme. (Toulat)*

Dans le judaïsme ancien, les lépreux devaient vivre à l'écart de la société et signaler leur présence gênante en criant: «Impur! Impur!» Le simple contact physique avec un lépreux suffisait pour être, à son tour, excommunié de la société des hommes. Or, Jésus a touché à des lépreux. Il s'exposait ainsi à la contagion et, du coup, à l'exclusion de la cité.

Dans ce récit évangélique, Follereau mettait en lumière le fait que le Dieu de Jésus s'est toujours opposé à l'attitude déshumanisante du rejet de l'homme par l'homme, au fait que notre société coupe des gens de leur milieu de vie, en ne les considérant plus comme des êtres humains. Pour Dieu, l'impur n'est pas le lépreux, l'exclu, mais celui qui les isole et, par le fait même, s'éloigne d'eux.

La peur de la contagion n'a jamais été pour Follereau une raison valable pour exclure une personne de la communauté humaine. Il a toujours cru que toute personne a le droit fondamental d'être traitée en être humain, de participer à la vie de son village où sa fonction et sa dignité seraient pleinement reconnues. Cette place sous le soleil est reconnue par le Dieu de Jésus, et personne n'a le droit de nier cette place, même à un lépreux.

Au fil des années, la Journée Mondiale des Lépreux a gagné l'attention d'un nombre croissant de personnes préoccupées du triste sort de quinze millions d'êtres humains. Aujourd'hui encore, cette journée sert à démystifier la peur de la lèpre que ressentent les bien portants. À l'occasion de la Journée, on présente des films sur la lèpre, on distribue une multitude de calendriers où l'on peut lire: «La lèpre est guérissable». On renseigne aussi les gens sur la réhabilitation sociale et sur les traitements de la maladie.

Follereau profite de la Journée pour diffuser son message d'amour en faveur des lépreux. Enregistré, copié, traduit, son appel à la fraternité universelle est retransmis partout sur la planète et souvent lu par des notables.

Dès la première année, une vingtaine de pays ont souligné la Journée Mondiale des Lépreux. Puis, au fil des ans, d'autres pays se sont ajoutés à la liste; en 1968, cent vingt-sept pays participaient à cette fête de la fraternité. Dans certains pays, les chefs d'État eux-mêmes ont présidé cet événement. Il y avait des réjouissances, mais heureusement la Journée ne se limitait pas à la fête!

Dans les pays où sévissait le bacille de Hansen, les gouvernements adoptaient — selon leurs capacités financières — des mesures indispensables pour contrôler la maladie et ultimement l'enrayer. L'arrivée si attendue de sulfones, qui guérissent l'horrible maladie quand elle est dépistée à temps, a insufflé à divers gouvernements le désir réel de lutter contre la lèpre.

La Journée Mondiale des Lépreux a toujours été l'occasion « d'un immense rendez-vous d'amour », dit Follereau. Partout dans le monde, des fidèles de toutes confessions célèbrent à leur manière cette journée où des cœurs s'ouvrent aux plus misérables. Parfois, comme cela a été le cas à Londres et au Liban, des cérémonies oecuméniques ont regroupé les diverses églises chrétiennes. Des fidèles de toutes les allégeances religieuses récitaient la prière de l'apôtre des lépreux :

*Seigneur, apprenez-nous à aimer ceux qui ne sont pas aimés.*
*Seigneur, donnez-nous la grâce de réaliser qu'à chaque minute de notre vie heureuse, des millions d'êtres humains qui sont vos fils, qui sont nos frères, meurent de faim, meurent de froid.*
*Seigneur, ayez pitié de tous les pauvres gens du monde.*
*Ayez pitié des lépreux qui tendent vers votre Miséricorde leurs mains sans doigts, leurs bras sans mains.*
*Seigneur, ne permettez pas que nous soyons heureux tout seuls.*
*Donnez-nous l'angoisse de la misère universelle et délivrez-nous de nous-mêmes.*
*Si telle est Votre Volonté.*

## La charité, pas l'aumône!

Le 7 septembre 1955, Follereau prononce un discours mémorable sur la charité, discours adressé à deux mille jeunes qui se destinaient au sacerdoce. Pour cette jeunesse, la prêtrise représentait un moyen privilégié de servir à la fois la cause de Dieu et celle des hommes. Il leur demande: «Qu'est-ce que les vôtres, qu'est-ce que le monde attend de vous?» Il répond alors pour eux:

*Que vous soyez des semeurs d'amour. Ce monde, esclave de la technique qui devait le délivrer, ce monde qui s'est si longtemps ligoté dans son égoïsme et dans sa haine, a TERRIBLEMENT besoin d'aimer [...] Par votre vie, par votre parole, par votre exemple, vous serez les prometteurs, les Croisés de cette Charité.*

Follereau prend toujours bien soin de distinguer la charité de l'aumône. Cette dernière est un don condescendant qui abaisse celui qui le reçoit, tandis que «la charité doit être faite d'abord pour "l'amour de Dieu". Elle prend en lui son sens souverain», explique-t-il.

*Sans l'amour de Dieu qui en est la source, elle devient générosité, altruisme, philanthropie. C'est très beau: j'admire, je salue. Mais je le répète: ce n'est pas la Charité [...] Le christianisme, c'est la révolution par la charité*, écrit Follereau.

Pour l'apôtre des lépreux, si la misère et les injustices abondent encore de nos jours, c'est parce que le quart de l'humanité n'a plus foi en un Absolu. Dieu n'existant pas pour eux, la vie perd alors son sens transcendant: la mort met fin à tout. D'où l'accent mis sur le présent, sur la satisfaction immédiate des désirs humains. «Et par n'importe quels moyens. En supprimant Dieu de la destinée humaine, on a créé la civilisation du dégoût et du désespoir.»

L'argent est la pire des lèpres, selon Follereau. En ce sens, l'homme a la tâche urgente de dominer ce maître tyrannique qui risque de pourrir ce qu'il y a de meilleur en l'être humain. Dominer l'argent, cela signifie pour lui «en faire, non plus le corrupteur, mais le serviteur.» Par une existence centrée sur Dieu et sur les autres, l'homme témoigne en acte que la véritable joie consiste à aimer, et que «le seul bonheur que l'on possède vraiment, c'est celui qu'on a donné», dit-il. Le reste, c'est du vent!

Son discours sur la charité se termine en rappelant aux futurs prêtres — et par extension, à tous les êtres humains — ce message qu'il tient d'une rencontre avec le pape: «Ce qu'il faut, c'est réapprendre aux hommes à s'aimer.» Tel est le haut idéal auquel aspire foncièrement Follereau; idéal qu'il veut voir reconnu et assumé par toute la chrétienté.

*Car si nous, les Chrétiens, nous ne sommes, pas avant les autres, les combattants de l'amour, à quoi nous sert-il d'être baptisés? Si nous, les Chrétiens, nous ne portons pas aux autres le message de cet amour, comment oserons-nous dire encore que nous les aimons? [...] Trop longtemps les hommes ont vécu les uns à côté des autres. Ils comprennent aujourd'hui qu'ils doivent vivre tous ensemble. Il faut leur apprendre maintenant à vivre les uns pour les autres. La seule vérité, c'est de s'aimer.* (Follereau)

L'année suivante, soit en 1956, le Vagabond de la charité visite les léproseries de la Polynésie française. Débarqué en même temps que le général de Gaulle, qui est accueilli par la population de la capitale, Papeete, il est, lui, accueilli par un groupe de vingt-cinq lépreux. Une fillette se détache du groupe et tend à Follereau, en guise d'accueil, le collier traditionnel de fleurs.

*Elle me passa son collier, puis, à la mode tahitienne, je l'embrassai sur les deux joues.*
*Il y eut une seconde de silence, puis ce fut la ruée. Chaque lépreuse, chaque lépreux voulait me remettre son collier et avoir*

*son baiser de bienvenue [...] Alors la foule a applaudi. Et c'est à*
*ce moment-là que j'ai compris que nous avions remporté une*
*grande victoire.* (Toulat)

Oui, une grande victoire! L'apôtre des lépreux a réussi à créer une conversion des mentalités étroites et étriquées, un retournement irréversible des esprits dont témoigne un immense mouvement mondial. Grâce à lui, les lépreux seront considérés comme des êtres humains à part entière.

En 1958, à Tokyo, cinq cents léprologues provenant de cinquante pays demandent résolument la suppression des lois sur l'exclusion sociale frappant les lépreux. «Les écoliers externes atteints de la lèpre pourront continuer à fréquenter leurs écoles, à condition d'être traités régulièrement. Dans les hôpitaux généraux, on doit pouvoir admettre les lépreux contagieux, tout comme on prend une scarlatine ou des oreillons», dit Follereau.

Dans les treize pays francophones de l'Afrique de l'Ouest et de l'Afrique centrale, les chefs d'État affirment que 60 % des lépreux ont été guéris grâce au mouvement de conscientisation créé par Follereau. De plus, vingt pour cent des lépreux encore atteints sont sur la voie de la rémission. Malgré ces remarquables statistiques, la bataille de la lèpre n'est pas encore terminée. L'espoir qui a alimenté Follereau est de voir un jour cette maladie définitivement rayée de la surface de la terre.

Sa victoire sur la peur de la lèpre a permis à bon nombre de lépreux de réintégrer leur domicile, de dénicher un travail, bref de mener une vie plus humaine. Le travail constitue la porte d'entrée de la réinsertion sociale. À ce titre, c'est une mesure concrète que les pays endémiques doivent favoriser au plus au point.

*Qu'ai-je vu cette année en Asie et en Afrique? Sans doute encore*
*— et en trop grand nombre, hélas! — des lépreux abandonnés,*
*misérables et maudits. Mais aussi — enfin l'aurore! — des*
*lépreux qui travaillent et qui chantent. Ils sont chauffeurs de*

*camions sur les routes du Sénégal, charpentiers ou maçons à*
*Adzopé, pêcheurs à M'Balling, cultivateurs au Dahomey [...]*
*Ailleurs ils sont infirmiers, garçons de bureau, veilleurs de nuit,*
*marchands de journaux.* (Toulat)

## Ses œuvres de charité

Certes, le grand combat contre la lèpre exige évidemment des ressources financières mais, pour Follereau, l'amour est le premier moteur du mouvement de fraternité envers les lépreux. «L'amour d'abord; l'argent suivra», songe-t-il. Les faits lui donnent raison car de partout arrivent des dons. «Je suis communiste, et nous ne sommes pas en parfait accord, mais nous nous rencontrons pour aider nos frères malheureux», dit une lettre accompagnant un généreux don.

Certains donnent de l'argent, d'autres moins fortunés se départissent de biens précieux et sentimentaux: des alliances de mariage, des bijoux de famille, des médailles de valeur. «Je vous envoie deux mille francs; ce sont les économies de mon fils mort de faim à Dachau. Recevez-les en souvenir de son père fusillé par les nazis», dit une autre lettre.

Même des jeunes et des enfants sont sensibilisés à la cause des excommuniés de la société des hommes. «J'ai parlé de votre œuvre aux enfants, écrit un prêtre italien à Follereau; ils m'ont remis leurs offrandes.» Ailleurs dans le monde, des jeunes se privent de soupers aux restaurants, de théâtre, de cigarettes, dans un mouvement de solidarité avec les lépreux. D'autres vont jusqu'à vendre des biens chers, telle une collection de timbres; ou encore, ils se trouvent de menus travaux à faire pour pouvoir, à leur manière, participer à la lutte contre la lèpre.

L'amour est une force vive. Ceux et celles qui donnent de leur temps ou des dons matériels sont les croisés de la bataille de la lèpre. Finalement, tout le monde y trouve son compte: les bénéficiaires, à travers les dons charitables des plus nantis, et les donateurs généreux, qui «se sont enrichis par leur action», souligne Follereau.

Parmi les gens qui donnent de leur temps dans le combat de la lèpre, le comédien Pierre Fresnay enregistre, tous les ans, les messages d'amour et les mémoires de Follereau. Il a même joué bénévolement dans deux films, un en anglais et l'autre en français. *Le courage d'aimer* est diffusé à travers toute la francophonie. Les deux films de Fresnay constituent une plaidoirie pour «les condamnés de la lèpre à perpétuité», comme il dit.

Les fonds considérables provenant des dons et des films ne sont pas tous destinés aux lépreux, car l'œuvre du Vagabond de la charité ne se limite pas au combat sans trêve et sans merci contre la lèpre. Il a mis sur pied diverses œuvres toutes aussi magnanimes les unes que les autres.

Tout a commencé en décembre 1942, lors de la Deuxième Guerre mondiale, pendant que le peuple français souffrait entre autres du rationnement alimentaire. Follereau a lancé, en ces moments tragiques, *l'Heure des Pauvres*: tous les gens é-taient conviés à donner l'équivalent d'une heure de travail pour les plus pauvres. La guerre terminée, *l'Heure* a été reliée au Vendredi saint; elle a permis d'allouer à des centaines d'œuvres deux cent cinquante millions de francs en dix ans.

*Par l'Heure des Pauvres, nous voulons créer une immense chaîne d'amour. Faire que cette Heure bénie ne cesse jamais de sonner dans le monde, et qu'à chaque minute, il y ait sur terre des êtres ayant renoncé pour un instant à l'égoïsme et qui travaillent dans la joie à soulager, guérir, consoler.* (Toulat)

Le 1er décembre 1946, alors que la France se relevait lente-ment des souffrances physiques et morales infligées par la guerre, Follereau a créé le *Noël du Père de Foucauld*. À la suite du saint ermite, il visait à faire de Noël «un acte d'amour universel». Le génie de l'apôtre de la charité a été de concréti-ser son idéal de fraternité en de simples gestes d'amour sus-ceptibles d'interpeller en profondeur le cœur des gens. Avec le

*Noël du Père de Foucauld,* Follereau appelait avant tout les enfants à la générosité:

> *Il y a dans le monde des milliers de petits enfants qui, comme vous, voudraient rire et être joyeux mais qui, ce jour-là, n'auront rien, sinon leurs larmes et leur solitude. Alors voilà ce que je vous propose: la veille de Noël, demandez à Papa, à Maman, la permission de mettre trois souliers devant la cheminée. Deux pour vous, comme d'habitude, et le troisième pour un petit malheureux.* (Toulat)

Dès la première année, le *Noël du Père de Foucauld* a récolté 30 000 cadeaux (jouets, vêtements, friandises...), et en 1950, 80 000! Ce qui réjouissait Follereau, ce n'était pas le nombre de colis reçus, mais la générosité des gens en ces temps difficiles: «L'essentiel, c'est qu'à Noël, personne n'accepte d'être heureux tout seul».

## Un million pour tuer, cent francs pour guérir

Un jour où le Vagabond de la charité était en Asie, il a été appelé à assister une jeune femme de vingt-deux ans dans la dernière étape de sa pitoyable vie. La lèpre l'avait vaincue. Il ne pouvait rien pour elle, sinon lui exprimer son tendre amour par sa seule présence. Il la voyait se débattre contre le bacille de Hansen et accueillir la mort comme une heureuse délivrance. Il lui est alors venu une idée saugrenue: la peser. Ce qu'il a fait avec le plus grand respect; «20 kilos», indiquait la balance!

> *Parce que je fus horrifié, révolté, on m'a dit: «C'est ainsi depuis que le monde est monde. Vous n'y changerez rien, c'est impossible!» Impossible? La seule chose impossible, c'est que vous, c'est que moi, nous puissions encore manger, dormir et rire en sachant qu'il y a, sur la terre, des femmes de 22 ans qui meurent parce qu'elles pèsent 20 kilos.* (Follereau)

Il considère comme trop facile de pleurer ou d'éprouver un court instant de pitié. Ce qu'il désire par-dessus tout, c'est que le monde — c'est-à-dire vous et moi — prenne conscience de la souffrance des autres assez profondément pour ne plus pouvoir et vouloir l'accepter.

*Ne plus se contenter de tourner en rond autour de SOI — et des siens qui sont à SOI — en attendant SA petite part de Paradis [...] Ne plus accepter cette forme d'existence qui est une perpétuelle démission de l'homme.* (Follereau)

Naturellement, c'est d'abord vers la jeunesse du monde que Follereau se tourne pour dénoncer, avec elle, les différentes lèpres qui dévastent et déshumanisent la terre des hommes : la faim, l'ignorance, la guerre, l'égoïsme et la lâcheté. Il invite les jeunes à ne jamais démissionner, à ne jamais renoncer à un haut idéal humain et chrétien, à faire des pressions pacifiques sur les personnes qui détiennent des pouvoirs réels, entre autres sur les gouvernements :

*Montez à l'assaut! Empêchez les responsables de dormir! Vous qui êtes demain, exigez le bonheur pour les autres, bâtissez le bonheur des autres. Le monde a faim de blé et de tendresse. Travaillons.*

Si Follereau s'adresse avant tout aux jeunes du monde, c'est parce qu'ils représentent l'avenir. Et, de tout temps, l'avenir est une puissance incroyable, une force de transformation sans pareille. En vieillissant, il souhaite que son flambeau tombe entre des mains capables de prendre la relève.

En trente années, il a réussi à guérir deux millions de lépreux. Mais le combat de la lèpre n'est pas pour autant terminé. Des millions d'autres démunis ont toujours besoin d'aide et d'amour. Afin de gagner la bataille contre l'incommensurable misère humaine, Follereau n'a qu'une consigne à adresser à la jeunesse avide de changements profonds :

*Soyez intransigeants sur le devoir d'aimer. Ne cédez pas, ne composez pas, ne reculez pas [...] Et puis surtout, croyez en la bonté du monde [...] Le plus grand malheur qui puisse vous arriver, c'est de n'être utile à personne, c'est que votre vie ne serve à rien.*

Follereau est horripilé par les dépenses des gouvernements en faveur de la guerre. En 1962, il a calculé que si les nations avaient, pour chaque million dépensé par les ministères de la défense, attribué seulement cent francs (vingt-cinq dollars) pour les soins de la lèpre, tous les lépreux auraient été traités et beaucoup seraient aujourd'hui guéris.

*« Un million pour tuer, cent francs pour guérir. Entendez-vous mon appel ? » Voilà ce que j'ai écrit à ceux qui ont pouvoir, et devoir, de répondre [...] Les hommes n'ont plus que cette alternative : s'aimer ou disparaître. Il faut choisir. Tout de suite. Et pour toujours. En imposant cette reconversion symbolique d'armes de mort en œuvres de vie, vous ne gagnerez pas seulement la Bataille de la Lèpre, mais vous direz « non » à la peur, à la haine, à la fatalité.* (Follereau)

L'année suivante, pour son soixantième anniversaire, Follereau pousse l'audace jusqu'à demander soixante voitures plutôt que soixante bougies ! « Je préférerais soixante bougies de voitures, et les voitures avec : elles me permettraient d'ouvrir en Afrique en en Asie soixante nouveaux circuits de traitement de la lèpre. »

Sa demande insolite est accueillie par des puissants de ce monde. L'apôtre des lépreux est le premier surpris de recevoir cent quatre voitures de ses amis du Canada, de France, d'Italie, de Suisse, de Belgique et du Luxembourg. « 104 voitures ! Jamais milliardaire n'en a reçu autant pour son anniversaire », s'exclame-t-il. Grâce à cette attention extrême, des milliers de lépreux ont pu reconquérir leur dignité bafouée en retrouvant la santé et, dans certains cas, un nouveau travail.

## Un jour de guerre pour la paix

Le 1er septembre 1964, Follereau relance son appel *Un million pour tuer, cent francs pour guérir,* resté sans réponse depuis deux ans. Mais cette fois-ci, il demande encore plus: *Un jour de guerre pour la paix.* Il écrit au secrétaire des Nations-Unies pour lui faire part de sa requête:

*Que toutes les nations présentes à l'ONU décident que, chaque année, à l'occasion d'une Journée mondiale de la Paix, elles prélèveront sur leur budget respectif ce que leur coûte un jour d'armement, et le mettront en commun pour lutter contre les famines, les taudis et les grandes endémies.*

*« Un jour de guerre pour la Paix »* [...] *Cette première reconversion d'armes de mort en œuvres de vie sera un geste retentissant, capable d'amorcer le salut d'une humanité qui, mains liées et bouche cousue, assiste, impuissante, à son propre suicide...*

Depuis ses derniers échecs auprès des « Grands » —comme il dit —, Follereau a appris que sans l'appui de centaines de milliers de personnes, ses appels à la fraternité universelle demeureront aux oubliettes. Il se tourne alors vers les jeunes du monde pour qu'ils appuient sa requête à l'O.N.U. Il les presse d'envoyer aux Nations-Unies une carte postale mise gracieusement à leur disposition. D'un côté, une photo d'un enfant famélique et, de l'autre, un court texte:

*Nous jeunes, de 14 à 20 ans, faisons nôtre l'appel « Un jour de guerre pour la paix » adressé par Raoul Follereau à l'Organisation des Nations-Unies, et nous nous engageons à user, le moment venu, de nos droits civiques et politiques pour en assurer le succès.*

En mobilisant la jeunesse pour la cause de la paix dans le monde, l'apôtre de la paix a bien visé. En novembre 1965, un million de jeunes avaient déjà appuyé sa demande à l'O.N.U. En 1969, de cent vingt-cinq pays, trois millions de jeunes ont envoyé ces petites cartes postales au secrétaire des Nations-Unies!

Ce vœu ardent de conversion des instruments de guerre en œuvres de vie, Follereau l'avait fait plusieurs années auparavant. Dès 1949, il était conscient du danger réel d'anéantissement de l'humanité que représentait la prolifération des arsenaux nucléaires et bactériologiques de plus en plus puissants. De cette période a jailli, comme un cri d'alarme, sa campagne de sensibilisation *S'aimer ou disparaître*, accompagnée d'une adresse: *Bombe atomique ou charité*.

En 1954, il avait calculé que la valeur monétaire de deux bombardiers B-52 (7 milliards d'anciens francs chacun, soit 17 millions et demi de dollars) suffirait à soigner les quinze millions de lépreux sur terre. «Ces milliards qu'on trouve toujours pour tuer et détruire, ne les trouvera-t-on pas pour guérir, réparer, consoler?» demande-t-il.

Follereau avait alors envoyé une lettre, le 1er septembre 1954, au président Eisenhower des États-Unis et à celui du Conseil de la Russie. Dans cette lettre, il invitait les plus puissants de ce monde à lui donner chacun un bombardier:

[...] *Un avion de moins dans chaque camp, cela ne modifiera pas le rapport de vos forces [...] Vous pourrez continuer de dormir tranquilles. Moi je dormirai mieux. Et des millions de pauvres gens dormiront enfin.*

Comme il s'y attendait, il ne reçoit aucune réponse des deux grandes puissances. Cinq ans plus tard, il renouvelle sa demande, mais en vain. Pourquoi ne répondent-ils pas? Il justifie ainsi leur surdité et leur mutisme:

*Le drame, c'est qu'à partir d'un certain degré dans la puissance ou la possession de l'argent, l'homme est comme déshumanisé. Il n'est plus ni Américain, ni Russe, ni Allemand, ni Français, ni catholique, ni protestant, ni israélite, ni athée: il est puissant ou*

142

*il est riche. J'ai écrit une fois: «Ces Géants qui ont cessé d'être des hommes.» J'y pense toujours.*

Mais, en septembre 1964, son appel *Un jour de guerre pour la paix* est appuyé par la jeunesse mondiale. Trois mois plus tard, soit le 4 décembre, à Bombay, le pape Paul VI appuie aussi sa requête en déclarant:

*Puissent les nations cesser la course aux armements! Puisse chaque nation consacrer, fût-ce une partie de ses dépenses militaires à un grand fonds mondial pour l'assistance fraternelle aux pays en voie de développement!*

Le 5 décembre de la même année, l'O.N.U. acquiesce — à 92 voix et 7 abstentions — à sa proposition humanitaire. Elle invite tous les pays membres à étudier les moyens nécessaires à la réalisation, dans les plus brefs délais, de cette requête.

Alors, le miracle se produit. Les oreilles, les yeux et les cœurs s'ouvrent aux affreuses misères de tant de déshérités. Huit pays répondent favorablement à son appel *Un jour de guerre pour la paix*. Le premier pays à concrétiser la requête de Follereau est l'Iran (700 000 dollars d'aide aux pays sous-développés), puis le Luxembourg, ainsi que l'Équateur, le Mali, le Maroc, la Tunisie, Madagascar et le Canada. Ce dernier répond par la voix de son Premier ministre, M. Pierre-Elliott Trudeau, en décembre 1971:

*Depuis trois ans, le Canada s'est abstenu d'augmenter le budget de la Défense nationale et n'a cessé d'accroître son aide au tiers-monde d'une façon très supérieure à la 365e partie des dépenses militaires.*

Voilà une grande victoire de l'humanité due à Raoul Follereau. Mais il sait que la bataille contre toutes les lèpres n'est pas pour autant terminée. La guerre, cette «trahison de l'intelligence» — comme il dit — se poursuivait ici et là à la surface de la planète. Que huit pays aient décidé d'allouer une journée de leurs dépenses militaires afin de venir en aide aux pays endémiques, c'est une belle victoire, une victoire qui permet à Follereau de continuer à rêver de paix universelle.

*«Quelle est la nation qui aura l'intelligence et le courage de rompre cette chaîne?» interrogeait Follereau devant moi. Il répondait: «Ce doit être naturellement la nation qui, parmi d'autres, a apporté au monde des messages de fraternité et de paix. Si la France, demain, renonçait à la bombe atomique, et qu'avec l'argent qu'elle coûte elle nourrissait les affamés, ce serait une bombe d'un autre genre qui éclaterait dans le ciel des pauvres, avec quelle joie et quelle clarté! Je sais bien que tout cela paraît utopique; mais il est une parole qui dit: Toutes les grandes réalisations ont commencé par paraître des chimères».* (Toulat)

Depuis 1949, les appels à la paix de Follereau ont retenti partout sur la planète. «Désarmez pour pouvoir aimer», «armer ou aimer», telles ont toujours été ses devises. Pour assurer la réussite de ces mots d'ordre et de bonté envers l'humanité, il n'a jamais cessé d'inviter tout homme de bonne volonté, et plus particulièrement les chrétiens, à prendre les commandes des mouvements de paix ou à y militer.

*Ils doivent sortir de leurs pantoufles. On reconnaît un chrétien à l'amour qu'il porte aux autres et au courage de l'exprimer. Lutter contre la bombe atomique, c'est un acte de charité, un acte chrétien au premier chef.* (Follereau)

## Noël pour les chiens!

Un seul jour de paix pour 364 jours de folles dépenses dans un arsenal de mort, c'est encore trop peu aux yeux de Follereau. «Ce n'est pas un jour par an qu'il faut lutter, qu'il faut s'aimer.» À la suite de sa victoire *Un jour de guerre pour la paix*, il invite la jeunesse du monde à poursuivre l'humanisation de la société afin qu'advienne un monde plus juste, plus humain:

*Pour qu'il y ait chez les hommes plus de justice et de fraternité, votre voix ne devra plus cesser, jamais, de se faire entendre. Parce que aujourd'hui l'amour a déserté le monde [...] Et que le monde est sur le point d'en mourir [...] Quand l'amour déserte le monde, les crimes collectifs sont légalisés.*

Pour illustrer sa pensée, Follereau cite des faits divers glanés ici et là dans les journaux. Certes, il aime bien les animaux, mais il s'indigne contre des pratiques odieuses: «Les Américains ont dépensé en un an 530 millions de dollars (2 milliards et demi de francs) en aliments *spéciaux* pour leurs chiens [...] Un Américain laisse trois millions de dollars pour l'entretien de la tombe de son cheval de course.» Il cite aussi un journal français dévoilant qu'un riche industriel a acheté un collier de diamants, d'une valeur de deux millions de francs (450 000 dollars), pour son chien bien-aimé! Ailleurs, le Père Noël sert une nourriture de luxe aux pensionnaires d'une clinique d'animaux d'Ilford. «Quand l'amour déserte le monde, Noël, c'est pour les chiens», maugrée-t-il.

«Oui! Mais c'est mon argent. J'en fais ce que je veux», pourrait-on s'écrier. Pour Follereau, nous ne sommes pas les propriétaires des richesses du monde mais les gérants. Nous en avons l'usufruit; c'est différent. «Les richesses du monde sont à tout le monde. Voilà la vérité qu'il vous faut conquérir, imposer», écrit-il.

Or, pendant que les pays dits civilisés permettent ces excès odieux au nom de la propriété privée, les deux tiers de l'humanité souffrent, entre autres, de malnutrition. Des êtres humains, des millions d'êtres humains meurent de maladies guéries depuis longtemps dans les pays développés, tandis que leurs proches meurent tout bonnement de faim. De plus, c'est toujours par millions que l'on dénombre les sans-logis qui s'entassent dans les bidonvilles d'Amérique Latine, des Indes, d'Afrique, de Corée, d'Indochine, du Pakistan et du Vietnam.

Au chapitre des gaspillages, Follereau cite le magazine Time: «On a dépensé aux États-Unis, en un an, près de quatre milliards de dollars (20 milliards de francs) en soins et produits de beauté.» Dans le quartier de Manhattan, à New York, une femme richissisme dépense jusqu'à 1 200 dollars (6000 francs) pour se faire une beauté! «Pour "refaire la peau d'un lépreux", explique-t-il, pour lui redonner la vie, il suffit de dix francs (2 dollars). Dix francs: une minute d'une cliente de l'institut de beauté de Manhattan.» (Toulat)

Toute sa vie, Follereau a mené la bataille de la lèpre ainsi qu'une campagne de conscientisation contre la guerre et l'égoïsme. De plus, il s'est attaqué au problème de la faim dans le monde. Car si nous pouvions regarder une carte géographique de la lèpre et une autre de la faim, nous verrions que les deux cartes coïncident assez bien.

*Que tous ceux qui me suivent comprennent bien que cette Bataille de la Lèpre ne fut qu'une étape, une victoire dans cette grande et bienheureuse guerre que tous nous devons livrer contre la misère, l'injustice, l'égoïsme.* (Follereau)

Le problème de la faim dans le monde s'aggrave au fil des ans. La preuve en est que le taux d'affamés croît de façon continue. En 1935, 38 % de l'humanité souffrait des problèmes dus à la sous-alimentation, soit un peu plus du tiers. Vers la fin des années 1960, ce sont les deux tiers. «Chaque année, la faim amoncelle plus de cadavres que la dernière guerre pendant cinq ans».

Follereau sait quelles souffrances physiques représente le fait de mourir de faim. Il a vu, impuissant, l'engourdissement monter des pieds au ventre. Il a vu la peau desséchée, les muscles littéralement dévorés par l'organisme qui cherche à survivre, les ventres gonflés à se fendre par hydropisie. Puis il a vu mourir lentement, et dans d'effroyables douleurs, ces êtres faméliques qu'un squelette rattachait à la vie. «Si on nourrissait un rat avec ce que mange un paysan du Bengale, le rat en crèverait», disait un enquêteur américain.

146

Mais le manque de nourriture va de pair avec l'ignorance.
De nos jours encore, l'ignorance est un des facteurs principaux
qui perpétuent le sous-développement des pays pauvres.

*Plus d'un milliard d'êtres humains ne savent pas lire [...] Il y a
dans le monde 700 millions d'êtres humains qui n'ont jamais vu
un médecin [...] Selon l'Organisation Mondiale de la Santé, en
1965, 500 millions de personnes pourraient être sauvées du
paludisme si 165 millions de francs étaient mis à sa disposition.
Ce qui fait moins de 0,30 F (10 cents!) par être humain menacé.
Alors, qu'on ne me raconte pas qu'on ne peut pas, ces trente
centimes-là, les prélever sur les budgets de mort.* (Toulat)

## S'aimer ou disparaître

En plus de dénoncer ouvertement les gaspillages individuels, Follereau a toujours attaqué publiquement les gaspillages des Grands de ce monde. Non seulement il dénonce les
choix politiques d'investissements faramineux dans la course
aux armements, mais aussi, avec la même vigueur, la conquête
de l'espace qui coûte un prix fou.

*Ces expériences permettent le progrès de demain? Mais c'est
aujourd'hui que nous vivons, c'est aujourd'hui que tant et tant
de pauvres meurent, qu'on aurait pu sauver avec le prix d'une
journée d'entretien de la base Cap Canaveral ou de quelque
endroit secret de Sibérie... Avant d'essayer de promener des gens
sur la lune, il serait peut-être opportun de les empêcher de mourir
de misère, de lèpre et de faim sur la terre.* (Toulat)

Le défenseur des sans-voix écrit alors une lettre ouverte à
Youri Gagarine, le premier cosmonaute ayant effectué un vol
spatial à bord d'un satellite artificiel placé sur orbite autour de
la terre. Le gouvernement soviétique lui avait ouvert, à la suite
de cet exploit, un compte bancaire illimité. Théoriquement, il

était l'homme le plus riche du monde. Dans sa lettre, Follereau lui demande:

*Remboursez les pauvres. Distribuez leur autant d'argent qu'on en a dépensé pour construire l'engin auquel vous devez votre gloire, et tous les engins qui ont préparé sa mise au point. Des milliards et des milliards évanouis dans les espaces infinis et qui eussent été ici-bas soulagement, réconfort, espérance...*
*Pour nous, nous continuerons à croire que la vie d'un homme, le sourire d'un homme, vaut mieux que toutes les conquêtes de l'espace. Nous continuerons à lutter pour qu'il y ait dans ce très bas monde moins d'injustice sociale, moins de douleur, moins de malheur. C'est notre façon à nous, chrétiens, d'atteindre le Ciel.*

En véritable prophète des temps modernes, Follereau dénonce aussi la surabondance des seigneurs de ce monde. Il envoie aux rois du pétrole une lettre ouverte dans laquelle il les convie au partage. Il leur demande de donner annuellement la valeur d'une heure de pétrole pour tous les lépreux de la terre, et deux heures pour les êtres humains faméliques du Sahel.

*Messieurs les nouveaux rois, arrachez les diamants qui bouchent vos oreilles et écoutez les hommes qui pleurent. Il s'agit de millions aussi. Des millions de fois un homme. Consentez à ouvrir les yeux sur leur misère, leur solitude, leur désespoir. Et donnez.* (Toulat)

Le frère des pauvres connaît bien le danger qui a toujours guetté les êtres humains: on regarde ce que les autres peuvent faire sans s'interroger soi-même sur sa participation à la construction d'un monde meilleur. Mais avant de changer le monde, il faut de prime abord se changer soi-même. «Cette guerre pour la Fraternité universelle doit se poursuivre partout et d'abord dans notre cœur, chaque jour et tous les jours», souligne Dom Helder Camara.

Si Follereau dénonce ouvertement ceux qui gaspillent dans l'allégresse et l'égoïsme en soins de beauté, en nourriture de luxe pour animaux, dans l'arsenal nucléaire, dans la conquête de l'espace ou en plaisirs individuels, c'est aussi à la masse des bien portants qu'il demande d'affronter en face la misère humaine.

*Arrache le bandeau qui couvre tes yeux.*

*Quand 15% des hommes qui peuplent la terre disposent de 85% des richesses naturelles du monde, tandis que cent mille de mes frères, chaque jour, meurent de faim, et que je me tais : Caïn, c'est moi [...]*

*Quand nous apprenons que si tous les affamés, les malheureux, les abandonnés pouvaient défiler tout autour du monde, leur cortège ferait vingt-cinq fois le tour de la terre, et que nous n'en sommes pas épouvantés : Caïn, c'est moi. Caïn, c'est toi.* (Toulat)

Depuis 1949, Follereau a répété inlassablement que si très vite une vague d'amour, de paix et de partage ne transforme en profondeur la conscience universelle, « la faim des hommes précipitera la fin du monde.» Son avertissement est toujours d'actualité. Car si hier des misérables mouraient de faim, aujourd'hui ils savent qu'ils pourraient être nourris et vivre en toute dignité.

L'apôtre de la paix sait que 30% des Français souffrent de trop manger, tandis que les pays sous-développés n'ont d'autre alternative que de vendre leurs matières premières à des prix ridiculement bas. Par exemple, en 1954, un Brésilien gagnait 90 dollars pour 50 kilos de café; sept ans plus tard, la même quantité de café lui rapportait seulement 33 dollars! «Pourquoi? Payez-vous moins cher votre café?» «Les pauvres seront la bombe atomique du tiers-monde», disaient les responsables du deuxième Congrès sur le sous-développement.

*Les pauvres seront six milliards (les 4/5 de l'humanité) au début du XXIᵉ siècle. Six milliards d'hommes à dire: «Debout, les*

*damnés de la terre…» La menace de demain: la guerre révolu-*
*tionnaire.*
*La meilleure prévention: la guerre à la faim, à la misère, à*
*l'ignorance, à la maladie, au sous-développement.*
*La guerre à toutes les lèpres.*
*On en revient toujours à l'intuition fondamentale: «S'aimer ou*
*disparaître.»*
*Follereau ajoutait, cependant: «L'amour aura le dernier mot.»*
(Toulat)

## Appel à la jeunesse du monde

Son message de paix et de partage, Follereau le répète sans répit, partout où il va sur la planète. Toujours le même appel à la fraternité, adressé à la jeunesse du monde ou aux Grands. Sa vie entière est consacrée à faire renaître l'amour au cœur de notre monde. «Les hommes ne survivront qu'en s'aimant», dit-il.

Pour lui, «faire ce qu'on peut, c'est trop peu. Il faut faire davantage.» Il faut faire assez. Assez pour que les choses bougent et changent réellement, «jusqu'au jour où il n'y aura plus de famine, de taudis, ni de guerre, plus d'enfants sans amour, de vieillards sans foyer, où tous ceux qui vivront auront le droit de vivre», écrit-il.

D'année en année, il lance ce même message d'amour. D'année en année, il demande aux jeunes de poursuivre le combat de la fraternité et de la paix, de ne jamais lâcher. D'année en année, il invite toujours aussi passionnément la jeunesse du monde à talonner les dirigeants et à leur répéter sans répit:

*Moins de chars d'assaut et plus de charrues. POUR TOUS.*
*Moins de bombardiers et plus d'hôpitaux. POUR TOUS. Moins*
*de bombes et plus de pain. POUR TOUS […] Désarmés pour*

150

*pouvoir aimer, partager pour pouvoir être aimé, telles sont, avec la grâce de Dieu, les conditions de notre survie.*

Mais cette participation des jeunes au changement effectif du monde, Follereau la désire dans la paix. Pour lui, la fin ne justifie pas les moyens. «Transformez la société, rendez-la plus humaine, dit-il à la jeunesse en 1968, mais pas dans le désordre, la violence, l'arbitraire.» Ce message de non-violence résonne encore plus fortement en l'année de l'assassinat de Martin Luther King et de Robert Kennedy. Il met en garde ses jeunes amis contre la tentation de vouloir détruire les structures sociales — périmées peut-être — pour le plaisir de détruire. Ce serait une fuite de la vie.

*Ne devenez pas la proie des voyous de l'intelligence: ils vous mèneront sur des chemins sans fleurs, et qui débouchent sur le néant. Méfiez-vous des systèmes et détournez-vous des sectes,* écrit-il.

La jeunesse doit être une période créative, critique sûrement mais créative, un temps de service dans la joie. Transformer le monde, certes, mais par l'amour, et par l'amour seulement. Archimède disait: «Donnez-moi un point d'appui, et je soulèverai le monde.» Follereau ajoute: «Votre point d'appui, c'est l'amour.» Mais pas n'importe quelle sorte d'amour!

*Non point un amour bêlant qui se suffit à pleurnicher sur le malheur des autres, mais un amour-combat, un amour-révolte contre l'injustice sociale, l'asservissement des pauvres, acceptés passivement par ceux que j'ai appelés les volontaires de la surdité, les muets par vocation, ces bonnes âmes qui se mettent en smoking pour refaire le monde et évoquent les grandes famines en grignotant des petits fours.* (Follereau)

Soulevez le monde, transformez-le par votre amour. Pour Follereau, seul l'amour conduit au bonheur véritable qui mérite ce nom. «Mais le bonheur, c'est d'abord le bonheur des

autres. C'est le refus, c'est le dégoût d'être heureux tout seul»,
dit-il. Il invite sans cesse les jeunes à prendre en main leur
destinée et celle de l'humanité. Il leur rappelle que le monde a
besoin d'eux. Si l'homme a des droits, n'oublions jamais qu'il
a aussi des devoirs!

*Devenez quelqu'un, pour faire quelque chose. Refusez de mettre
votre vie au garage. Mais refusez l'aventure où l'orgueil a plus
de place que le service. Dénoncez, mais pour exalter. Contestez,
mais pour construire. Que votre révolte elle-même, et sa colère,
soit amour [...] Bâtissez le bonheur des autres. Demain aura votre
visage. Le monde va en se déshumanisant : soyez des hommes.*
(Follereau)

*Bâtir une civilisation de la fraternité*

Le 21 juillet 1969, les astronautes Armstrong et Aldrin
posent le pied sur la Lune pour la première fois de l'histoire.
Pendant ce temps-là, sur Terre, vingt pays — dont les États-
Unis et la Russie — ratifient un traité de non-prolifération de
l'arsenal nucléaire, cinq ans après que Follereau ait envoyé sa
requête *Un jour de guerre pour la paix.*

À bord d'Apollo 8, à 350 000 kilomètres de la Terre, l'astro-
naute Frank Borman est profondément ému en regardant notre
belle planète bleue. Il fait alors cette prière qui demeure, depuis
cet instant historique, suspendue entre les étoiles :

*Donnez-nous, Ô mon Dieu, la possibilité de voir Votre Amour
dans le monde, malgré les défauts humains. Donnez-nous la foi,
la confiance, la bonté, malgré notre ignorance et notre faiblesse.
Donnez-nous la connaissance pour que nous puissions continuer
à prier avec des cœurs compréhensifs, et montrez-nous ce que
chacun de nous peut faire pour faciliter la venue de la paix
universelle.*

Pour Follereau, qu'un tel exploit scientifique se métamorphose en message de fraternité, c'est très heureux. Toute sa vie, il a sans relâche demandé la paix universelle, celle-là même que Borman demandait dans un élan d'émerveillement devant tant de beauté. Que d'autres voix notables se joignent à la sienne et à celle de la jeunesse, c'est tout simplement formidable.

L'année suivante, en 1970, voilà déjà cinquante ans que le jeune poète a écrit son premier ouvrage: *Le livre d'amour.* Cinquante années de lutte pour la vie, la paix, la fraternité, le partage. Quand il entend murmurer dans son dos que son idéal chrétien, quoique noble, n'a pas vraiment transformé l'âme des êtres humains, il répond en paraphrasant Chesterton: «Les hommes ne sont pas las du christianisme. Ils ne l'ont jamais rencontré, hélas! pour en être las.»

Cinquante années à mettre tout en œuvre pour éveiller les consciences endormies ou nonchalantes au devoir chrétien, et tout bonnement humain. Cinquante années à conscientiser les bien portants sur la situation de sous-humanité des lépreux et des déshérités en général. Après tout ce temps, Follereau ne va pas abandonner ou prendre sa retraite. Il lance encore à la jeunesse du monde un appel à l'amour véritable et un avertissement contre tout ce qui abrutit et rétrécit l'homme, contre tout ce qui pourrit et dégénère, par le fait même, la vie humaine.

En dénonçant, au premier chef, la machine et l'argent, il attaque de front le matérialisme qui déshumanise l'homme en le réduisant au rôle de serviteur de la machine et de l'argent au lieu d'en être le maître. L'esprit matérialiste asservit l'homme au lieu de le libérer en vue de la construction d'un monde plus humain. L'amour seul libère.

Aussi Follereau invite-t-il les jeunes à maîtriser d'abord le fondement du matérialisme (l'argent et la machine) et à libérer les forces vives de l'amour. «L'amour n'est pas un mot guimauve, voltigeant sur des lèvres parfumées, mais du travail, des larmes. Parfois du sang», dit-il. Il interpelle sans répit les capacités insoupçonnées de la jeunesse à bâtir une «civilisation de la fraternité.»

*«Nous avons construit trop de murs et pas assez de ponts», disait Newton. Et Follereau de commenter: Jetez des ponts entre les hommes. Ils ne demandent qu'à s'aimer. Jetez des ponts vers l'avenir. Enjambez gaillardement le matérialisme fangeux, les flaques stagnantes de l'inertie, l'égoïsme et ses marais nauséabonds [...] Demain sera pour vous plus beau, plus fraternel si, maîtrisant la machine et méprisant l'argent, vous savez être très simplement, très noblement, des hommes [...] Rendez au monde la conscience de Dieu. Et la joie d'aimer.* (Follereau)

Cette invitation à la fraternité met donc en garde contre les ennemis d'une véritable civilisation: le fanatisme, l'égoïsme, l'injustice sociale; bref, le matérialisme. «Répudier cette "anti-civilisation" qui contraint l'homme à s'engraisser, à s'entasser, à renoncer», demande-t-il fermement à la jeunesse du monde.

## Libérer les forces vives de l'amour

Appelant les jeunes à libérer l'amour, la liberté et l'espérance, à miser sur leur puissance créatrice pour améliorer le monde, Follereau leur offre des modèles à suivre: «François d'Assise, Vincent de Paul, Schweitzer, Dunant: voilà vos généraux. Gandhi, Luther King, Maximilien Kolbe: voilà vos héros.» Pour bien faire comprendre son appel à construire une civilisation de la fraternité, il aime raconter aux jeunes cette parabole des temps modernes:

*Un passant s'arrêta un jour devant une carrière où trois compagnons travaillaient.*
*Il dit au premier: «Que faites-vous, mon ami?»*
*Et lui de répondre sans lever la tête: «Je gagne ma croûte.»*
*Il dit au second: «Que faites-vous, mon ami?»*
*Et l'ouvrier, caressant l'objet de ses soins, d'expliquer: «Vous*

*voyez : je taille une belle pierre...»*
*Il dit au dernier : «Que faites-vous, mon ami?»*
*Et l'homme, levant vers lui des yeux pleins de joie, s'écria : «Nous*
*bâtissons une cathédrale!»*

Ainsi, l'homme ne se distingue pas par la tâche qu'il accomplit, mais par le sens qu'il lui donne. Pour le premier tailleur de pierre, le travail n'est qu'un gagne-pain. Le second voit en sa tâche un sens esthétique et immédiat. Seul le troisième sait voir dans son humble travail d'homme une grandeur qui le dépasse, un sens transcendant.

L'apôtre de la paix convie la jeunesse à être comme le troisième travailleur, à construire une «cathédrale», c'est-à-dire une œuvre qui donne un sens à leur vie, en les dépassant. Posez votre pierre, bâtissez jour après jour la cathédrale de la fraternité; n'attendez pas les autres, donnez l'exemple, et commencez maintenant. «Donner chaque jour son coup de pioche : c'est à ce prix que s'ouvre le chemin», dit-il.

Mais Follereau sait qu'il «ne suffit pas de bêler "la paix, la paix" pour que la Paix cesse de déserter la terre. Il faut agir. À force d'amour. À coups d'amour.» Il ne faut pas seulement penser que les autres sont nos frères, il faut aussi vivre effectivement en frères; tel est le suprême défi de l'humanité, selon lui.

Il invite donc tous les jeunes, même ceux qui sont déprimés ou dégoûtés de la vie, à tendre les mains vers les plus pauvres, les plus démunis qu'eux. À la question existentielle des jeunes : «Pourquoi la vie?» il répond : «Pour servir [...] Pour protéger, pour défendre, pour aimer [...] L'essentiel n'est pas ce qu'on est, mais ce qu'on offre.»

Ainsi, au lieu de s'apitoyer sur le sort d'une jeunesse en quête inlassable d'un sens que pourrait avoir son existence, Follereau lui propose un haut idéal chrétien et humain à vivre. Il aime répéter aux jeunes : «S'il manque quelque chose à votre vie, c'est que vous n'avez pas regardé assez haut [...] Une vie inutile est une mort anticipée.»

La force nécessaire pour se décentrer de soi-même afin de centrer toute sa vie sur les autres, afin de construire une civilisation aux dimensions de l'être humain, il la trouve dans sa foi au Dieu de Jésus Christ. Il convie la jeunesse à se laisser aimer par ce Dieu-qui-n'est-qu'Amour afin «qu'Il vous inspire d'aimer les autres. Comme Il les aime. Comme Il vous aime.» Évidemment, malgré toute leur bonne volonté et leur exubérante énergie, les jeunes ne pourront pas tout faire. Et cela est très frustrant!

*Vous ne verrez pas l'issue du combat? Qu'importe! L'important, ce n'est pas ce qu'on récolte, mais ce qu'on sème. Les épreuves sont déjà en embuscade sur le chemin de votre destinée? Affrontez-les DEBOUT. Dans le bonheur, soyez des frères, dans la douleur, soyez des hommes. Et regardez plus haut, toujours plus haut. Rien n'est meilleur, pour sécher ses larmes, que de fixer une étoile.* (Follereau)

Follereau a toujours défendu la jeunesse contre les attaques injustifiés des bien-pensants : «Notre jeunesse aime le luxe, elle a de mauvaises manières, elle méprise les autorités et n'a aucun respect pour les personnes âgées.» Ce n'est pas un psychologue, un sociologue ou un pédagogue modernes qui a écrit cela, mais Platon, il y a environ 2 400 ans! Follereau aime ce texte pour répondre à ceux qui méprisent et jugent injustement les jeunes. Certes, il n'admet pas leur démission, leur lâcheté et leur égoïsme, mais il rappelle aux adultes que ces reproches négatifs faits à la jeunesse n'ont rien de neuf!

Il aime les jeunes. Et c'est parce qu'il les aime sincèrement qu'il peut les secouer, les interpeller, les pousser à être responsables de leur avenir et de la destinée humaine. La jeunesse, c'est la jeunesse; elle est la même indépendamment des époques. Si elle n'a pas vraiment changé, le monde moderne, lui, en retour, s'est irrémédiablement transformé.

*Notre monde qui devait les protéger et qui se prépare, comme devant, à les engager, à les encager. Le monde et son travail à la chaîne, le monde et sa bombe atomique, le monde hypertrophié, aliéné par le progrès, le monde indigent de cœur, sevré d'amour. Le monde que l'espérance semble avoir excommunié.* (Follereau)

Malgré tout, Follereau demeure confiant dans l'avenir. Il ne cesse de répéter à une jeunesse avide de bonheur facile que le «secret du bonheur, c'est de tout faire avec amour.» Ce qu'il a fait toute sa vie en combattant toutes les lèpres. «Soyez riches, vous, du bonheur des autres... Car ce que nous savons ici-bas, c'est que les autres ont besoin de nous», disait-il aux jeunes du monde entier.

Le grand défi de son existence est d'avoir appelé sans répit les êtres humains à s'aimer les uns les autres, sans distinction de sexes, de races et de religions: «Aimez le prochain qui est au bout du monde, aimez l'étranger qui est tout près de vous.» Car seuls l'amour et l'espérance peuvent construire un monde plus fraternel, plus humain.

*Les tabous, les interdits, les contraintes dégradantes, tous ces barbelés qui déchirent notre condition d'hommes libres, nous pouvons nous en évader par les chemins de la Fraternité. Et enterrer, à force d'amour, l'histoire inhumaine de l'humanité. Il n'est point d'autre hiérarchie que la capacité de servir et le pouvoir d'aimer [...] Ne consentez pas à un pessimisme paralysant, à cet «à quoi bon?» trop commode et qui camoufle tant de trahisons,* écrit Follereau.

## Les Fondations Raoul Follereau

En l'an 1970, le russe Soljenitsyne reçoit le prix Nobel de la Paix. Des gens s'étonnent que Raoul Follereau n'ait jamais obtenu cette haute distinction. Pourtant, vingt-deux gouvernements, dont vingt d'Afrique et d'Asie, ont proposé sa candidature au prix Nobel. Néanmoins, ce nombre n'a pas suffi à infléchir les membres de la commission du prix Nobel siégeant à Oslo, en Norvège.

En retour, la voix du peuple lui a décerné le Prix populaire de la Paix. Cet hommage du public, celui des gens "ordinaires", est le plus beau et le plus vrai hommage qu'un homme puisse recevoir. Partout dans le monde, des hôpitaux, des rues, des écoles, des œuvres de charité et même des scouts ont été baptisés de son nom. Que cet hommage populaire lui ait été adressé de son vivant, n'est-ce pas encore plus remarquable?

Il est le seul Français à avoir vu de son vivant l'émission de quatre timbres étrangers en son honneur (au Sénégal, au Togo, au Mali et en Côte-d'Ivoire). Son portrait orne des T-shirts, et son personnage devient le héros de bandes dessinées!

Seize ans auparavant, en 1954, le Vagabond de la charité a institué un prix que l'Ordre de la Charité, fondé par les disciples du Père de Foucauld, appelle de son nom. Le Prix Raoul Follereau est encore aujourd'hui octroyé, tous les deux ans, à des missionnaires, à des médecins et à des responsables de projets humanitaires qui œuvrent surtout auprès des lépreux. Une bourse de 100 000 francs accompagne le prix, afin d'aider le lauréat dans la poursuite de ses activités auprès des déshérités.

Vers la fin des années 1950, Follereau voulait que chaque région mette sur pied son comité d'actions. Chaque comité régional devenait responsable de recueillir et de distribuer les fonds vers la léproserie qu'il parrainait. En novembre 1968, les Fondations Raoul Follereau sont conçues pour coordonner l'ensemble des comités français. La devise des Fondations témoigne clairement de la pensée de son fondateur: «Sans l'amour, rien n'est possible. Avec l'amour, rien n'est impossible.»

Puisque le message d'amour et de partage déborde les frontières de sa patrie natale, des comités nationaux ont fleuri en Europe et outre-mer. Aussi, dans le sage désir d'une coordination mondiale, l'Association internationale des Fondations Raoul Follereau, rassemblant vingt-cinq associations nationales, a vu le jour en novembre 1971.

Aujourd'hui encore, les Fondations s'associent à d'autres organismes pour certains projets. Dans le but d'unir et de coordonner les actions humanitaires de toutes ces associations, Follereau a fondé, en septembre 1966, la Fédération européenne des organisations de lutte contre la lèpre (E.L.E.P.). En 1975, des organismes d'outre-mer (Canada, États-Unis, Japon et Iran) se sont jointes à l'E.L.E.P. qui est devenue alors l'I.L.E.P., la Fédération internationale des organismes de lutte contre la lèpre. Cette dernière a géré 100 millions de francs en 1977, dans le grand combat contre la lèpre. À toutes ces associations, Follereau aimait rappeler l'essentiel:

*La bataille de la lèpre est une œuvre d'amour [...] Votre rassemblement se condamnerait à mort s'il cessait d'être, un seul jour, ce que l'ont voulu vos fondateurs: une fraternité [...] Notre véritable force, notre arme secrète, c'est notre amitié. N'oubliez jamais que ce ne sont pas des fonds que vous gérez, mais de l'amour, dont vous êtes dépositaires et comptables devant les Pauvres.*

Mais l'apôtre de la paix, qui a géré chaque année des millions de dollars par l'intermédiaire des différents organismes, a vécu modestement. Avec sa femme, il a habité plus de quarante ans le même appartement de quatre pièces, dont deux lui servaient de secrétariat et de bureau de travail. «Nous n'avons jamais eu de lit, confiait-il un jour; nous avons toujours couché sur le même divan depuis notre mariage!»

*Amour et justice...*

Après cinquante-deux ans de mariage, le couple Follereau se rend sur les bords du lac de Garde, en Italie, à Gardone-Riviera, sur les lieux de leur voyage de noces. Mais cette fois-ci, en août 1977, l'état de santé du vieil homme est fragile. D'ailleurs, sa santé a toujours été quelque peu déficiente : la goutte et les maux dus à l'arthrite l'ont souvent ramené d'urgence, pour des soins, dans son pays d'origine.

Quatre mois plus tard, soit le 5 décembre, Follereau est opéré car, depuis l'été, il souffrait d'une insuffisance rénale. C'est en fait une intervention chirurgicale de survie et non de guérison. L'opération réussit. Mais elle révèle que l'infection est grave, et non bénigne. Aussi risque-t-il des hémorragies internes qui peuvent le terrasser à l'improviste. C'est ce qui arrive le mardi 6 décembre 1977, à une heure du matin, soit le lendemain de son opération.

De partout dans le monde affluent à l'adresse de Madame Follereau, de ses amis et de ses collaborateurs, des messages de sympathie et d'amitié. « Papa Raoul est mort. Quinze millions de lépreux deviennent orphelins », dit un ministre africain qui traduit bien la pensée d'une multitude de personnes. Le président de la République de Côte-d'Ivoire, Houphouët-Boigny, déclare :

*Sa disparition creuse un vide irréparable dans le cœur de millions d'hommes [...] Il restera à jamais, dans nos consciences, le symbole d'une humanité telle que nous souhaitons la voir se réaliser un jour, fraternelle et secourable, respectueuse des commandements de Dieu et dévouée, corps et âme, à l'amour du prochain.* (Toulat)

L'annonce de sa mort envahit la presse internationale, surtout celle des pays sous-développés que Raoul Follereau a tant aimés et servis. Les obsèques ont lieu en sa paroisse de Sainte-Jeanne de Chantal. Elles ont réuni des dignitaires, des ambassadeurs et les ministres de la santé des pays francophones d'Afrique. Jean Rostand dit de lui :

*J'admire ce grand homme de Dieu, ce poète de l'action, cet idéaliste efficace qui sait transformer de beaux rêves en solides réalités. Toute sa vie ne fut qu'un long combat pour opposer à la souffrance, à la maladie, à la mort, les forces créatrices de l'amour... Il est plus qu'un philanthrope: un apôtre.* (Toulat)

Le message que l'apôtre des lépreux laisse au monde moderne est le même que celui que le Christ a laissé à ses disciples: «Tu aimeras le Seigneur ton Dieu de tout ton cœur [...] et tu aimeras ton prochain comme toi-même.» (Mt 22, 37-39) L'amour est la seule arme dont il se soit servi dans la bataille contre toutes les lèpres: l'égoïsme, la lâcheté, le fanatisme, l'injustice sociale, la misère. Selon lui, seul l'amour «en acte et en vérité» — comme dit l'évangéliste Jean — peut transformer en profondeur le monde.

Toute sa vie, Follereau a invité les chrétiens à vivre en chrétiens. Il a toujours refusé «un christianisme à la guimauve qui a perdu sa révolution en chemin.» Un christianisme authentique, c'est l'amour en acte, un autre terme pour la charité. Et la charité va de pair avec la justice.

Amour *et* justice. Follereau n'a jamais remplacé le «et» par un «ou»! Un amour sans justice risque de conduire les «purs» hors d'un monde plus humain à construire, en retroussant ses manches et en se salissant les mains. Et une justice sans amour est dure; elle fait sombrer dans l'activisme, risque d'essouffler et de démobiliser les meilleures volontés.

*Je ne crois pas à l'ère sociale de l'homme, à cette espèce de fraternité légale, avec ses règlements et ses gendarmes, mais à l'avènement, au règne libre et victorieux de l'Amour. Ce qu'il faut, ce qui déterminera tout, résoudra tout, c'est de s'aimer.* (Follereau)

Aimer. Le verbe qui résume le mieux la vie de Raoul Follereau. Il citait souvent cette pensée de Teilhard de Chardin qu'il aurait pu lui-même écrire:

*Le seul climat où l'homme puisse continuer à grandir est celui du dévouement et du renoncement dans un sentiment de fraternité. En vérité, à la vitesse où sa conscience et ses ambitions augmentent, le monde fera explosion s'il n'apprend à aimer. L'avenir de la terre pensante est organiquement lié au retournement des forces de haine en forces de charité [...] L'amour est la plus universelle, la plus formidable, la plus mystérieuse des énergies cosmiques.*

Pour le Vagabond de la charité, la bataille de la lèpre s'est toujours inscrite dans une bataille plus large, dans celle de toutes les lèpres qui déshumanisent et défigurent l'être humain.

*Ce fut vraiment une bataille pas comme les autres. Parce qu'il n'en résulta point de vie fauchée, mais des vies sauvées... Parce que ses soldats ne reçurent qu'une consigne: aimer. Et c'est l'amour qui a vaincu,* commente Follereau.

À la jeunesse du monde qu'il a choisi comme légataire testamentaire de son message d'amour, il a laissé une tâche à accomplir: poursuivre la construction de la civilisation de la fraternité avec comme seule grande arme, l'amour.

*« Seigneur, je voudrais tant aider les autres à vivre. » Telle fut ma prière d'adolescent. Je crois y avoir été, toute ma vie, fidèle... Et me voici au soir d'une existence que j'ai poursuivie de mon mieux, mais qui demeure inachevée. Le trésor que je vous laisse, c'est le bien que je n'ai pas fait, que j'aurais voulu faire et que vous ferez après moi. Puisse seulement ce témoignage vous aider à aimer. Telle est la dernière ambition de ma vie, et l'objet de ce « testament ».* (Follereau)

162

# BIBLIOGRAPHIE

## DOM HELDER CAMARA

CAMARA, Dom Helder, *Le Tiers-monde trahi*, Paris, Desclée, 1968, 236 p.

CAMARA, Dom Helder, *Révolution dans la paix* [Livre de vie, 103], Paris, Seuil, 1970, 160 p.

CAMARA, Dom Helder, *Pour arriver à temps*, Paris, DDB, 1970, 200 p.

CAMARA, Dom Helder, *Une journée avec Dom Helder Camara*, Paris, DDB, 1970.

CAMARA, Dom Helder, *Spirale de violence*, Paris, DDB, 1970, 96p.

CAMARA, Dom Helder, *Les conversions d'un évêque, entretiens avec José de Broucker*, Paris, Seuil, 1977, 204 p.

CAMARA, Dom Helder, *Le désert est fertile* [Livre de vie, 128], Paris, Seuil, 1977, 128 p.

CAMARA, Dom Helder & Cardinal Léon-Joseph SUENENS, *Renouveau dans l'Esprit et service de l'homme*, Bruxelles, Lumen Vitae, 1979, 144 p.

CAMARA, Dom Helder, *Mille raisons pour vivre*, Paris, Seuil, 1980, 125 p.

CAMARA, Dom Helder, *Des questions pour vivre*, Paris, Seuil, 1984, 104 p.

CAMARA, Dom Helder, *L'Évangile avec Dom Helder*, Paris, Seuil, 1985, 192 p.

CAMARA, Dom Helder, *À force d'amour*, Paris, Nouvelle Cité, 1987, 81 p.

CAMARA, Dom Helder, *Prières à Marie*, Paris, Nouvelle Cité, 1988, 120 p.

DE BROUCKER, José, *Dom Helder Camara, la violence d'un pacifique*, Paris, Fayard, 1969.

TOULAT, Jean, *Dom Helder Camara*, Paris, Centurion, 1989,150 p.

## RAOUL FOLLEREAU

FOLLEREAU, Raoul, *Si le Christ, demain, frappe à votre porte*, Paris, Flammarion, 1966, 140 p.

FOLLEREAU, Raoul, *La seule vérité, c'est de s'aimer, I, Personne n'a le droit d'être heureux tout seul*, Paris, Flammarion, 1966, 206 p.

FOLLEREAU, Raoul, *La seule vérité, c'est de s'aimer, II, Quinze millions d'hommes*, Paris, Flammarion, 1966, 222 p.

FOLLEREAU, Raoul, *La seule vérité, c'est de s'aimer, III, S'aimer ou disparaître*, Paris, Flammarion, 1966, 286 p.

FOLLEREAU, Raoul, *Aimer, Agir*, Paris, Flammarion, 1974, 222 p.

FOLLEREAU, Raoul, *Je chanterai après ma mort. Écrits posthumes et entretiens radiophoniques*, Paris, Association internationale des Fondations Raoul Follereau, 1983, 117 p.

FOLLEREAU, Raoul, *Demain, c'est vous. Messages à la jeunesse du monde, 1961-1977*, Paris, Association internationale des Fondations Raoul Follereau, 1984, 144 p.

FOLLEREAU, Raoul, *Vous aurez 20 ans en l'an 2000. Les appels à la jeunesse, 1961-1977*, Paris, Flammarion, 1986, 192 p.

TOULAT, Jean, *Raoul Follereau ou le baiser aux lépreux*, Paris, Flammarion - Salvator, 1978, 148 p.

# MOHANDAS KARAMCHAND GANDHI

FISHER, Louis, *La vie du Mahatma Gandhi*, Paris, Pierre Belfond, 1983.

GANDHI, *Lettres à l'ashram* [Spiritualités vivantes, 5], Paris, Albin Michel, 1989.

GANDHI, *Tous les hommes sont frères. Vie et pensées du Mahatma Gandhi d'après ses oeuvres* [ Folio. Essais, 130 ], Paris, Gallimard, 1990, 314 p.

GANDHI, *Autobiographie ou Mes expériences de vérité*, Paris, P.U.F., 1990, 720 p.

LAPIERRE, Dominique & Larry COLLINS, *Cette nuit la liberté*, Paris, Club France Loisirs - Robert Laffont, 1975, 562 p.

PAYNE, Robert, *Gandhi. Biographie politique* [L'histoire immédiate], Paris, Seuil, 1972, 480 p.

# TABLE DES MATIÈRES

Collection

# CHEMINS DE VIE

Achevé d'imprimer
en avril 1994
sur les presses de
Imprimerie H.L.N. Inc.

*Imprimé au Canada — Printed in Canada*